Ratgeber Erwerbsminderungsrente

Petra Schewe

Ratgeber Erwerbsminderungsrente

Zuverlässiger Wegweiser
und Praxishelfer
für Versicherte

Petra Schewe
Bad Nauheim
Hessen, Deutschland

ISBN 978-3-658-16077-7   ISBN 978-3-658-16078-4 (eBook)
DOI 10.1007/978-3-658-16078-4

Die Deutsche Nationalbibliothek verzeichnet diese Publikation in der Deutschen Nationalbibliografie; detaillierte bibliografische Daten sind im Internet über http://dnb.d-nb.de abrufbar.

© Springer Fachmedien Wiesbaden GmbH 2017
Das Werk einschließlich aller seiner Teile ist urheberrechtlich geschützt. Jede Verwertung, die nicht ausdrücklich vom Urheberrechtsgesetz zugelassen ist, bedarf der vorherigen Zustimmung des Verlags. Das gilt insbesondere für Vervielfältigungen, Bearbeitungen, Übersetzungen, Mikroverfilmungen und die Einspeicherung und Verarbeitung in elektronischen Systemen.
Die Wiedergabe von Gebrauchsnamen, Handelsnamen, Warenbezeichnungen usw. in diesem Werk berechtigt auch ohne besondere Kennzeichnung nicht zu der Annahme, dass solche Namen im Sinne der Warenzeichen- und Markenschutz-Gesetzgebung als frei zu betrachten wären und daher von jedermann benutzt werden dürften.
Der Verlag, die Autoren und die Herausgeber gehen davon aus, dass die Angaben und Informationen in diesem Werk zum Zeitpunkt der Veröffentlichung vollständig und korrekt sind. Weder der Verlag noch die Autoren oder die Herausgeber übernehmen, ausdrücklich oder implizit, Gewähr für den Inhalt des Werkes, etwaige Fehler oder Äußerungen. Der Verlag bleibt im Hinblick auf geografische Zuordnungen und Gebietsbezeichnungen in veröffentlichten Karten und Institutionsadressen neutral.

Gedruckt auf säurefreiem und chlorfrei gebleichtem Papier

Springer ist Teil von Springer Nature
Die eingetragene Gesellschaft ist Springer Fachmedien Wiesbaden GmbH
Die Anschrift der Gesellschaft ist: Abraham-Lincoln-Str. 46, 65189 Wiesbaden, Germany

Vorwort

Ein Erwerbsleben dauert oft über 40 Jahre, je nach Ausbildung, Studium und privaten Voraussetzungen mal länger oder auch kürzer. Doch nicht immer spielt die Gesundheit mit, sodass viele Beschäftigte vorzeitig ihren Beruf aufgeben müssen. Wie geht es dann weiter? Wer hilft finanziell in diesen schwierigen Zeiten? Die ersten sechs Wochen mag noch ausreichend finanzielle Unterstützung durch den Arbeitgeber vorhanden sein, anschließend die Krankenversicherung mit Krankengeld, in manchen Fällen auch die Arbeitsagentur mit der „Nahtlosigkeitsregel" (Arbeitslosengeld bei langer Krankheit). Was kommt dann? Aus gesundheitlichen Gründen müssen jedes Jahr viele Zehntausend Menschen, so die Deutsche Rentenversicherung, ihren Job aufgeben, bevor sie das Rentenalter erreichen. Die Hauptursachen sind nach Angaben des Bundesministeriums für Arbeit und Soziales (BMAS)

Probleme mit den Gelenken und der Wirbelsäule, innere Krankheiten oder psychische Erkrankungen.

In den Fällen dieser verminderten Erwerbsfähigkeit besteht die Möglichkeit, eine Erwerbsminderungsrente zu beantragen. Allerdings sind zahlreiche Voraussetzungen zu erfüllen, eine Fülle von Formularen auszufüllen, ein Ärztemarathon durchzustehen und – nicht zuletzt – viel Geduld aufzubringen. Voraussetzungen, die bei einer Erkrankungen und der damit einhergehenden Arbeitsunfähigkeit mehr als schwer fallen.

Dieser Leitfaden soll daher unterstützen, sich im Behördendschungel nicht zu verirren, die zahlreichen Formulare ordnungsgemäß ausfüllen zu können und auch so manche Fallstricke zu erkennen.

Häufig geht vor der Beantragung einer Erwerbsminderungsrente eine lange Krankenphase voraus mit den erwähnten Zeiten der Lohnfortzahlung durch den Arbeitgeber, Krankengeldzahlungen durch eine gesetzliche oder private Krankenversicherung und ggf. finanzielle Unterstützung durch die Arbeitsagentur (in der Arbeitslosigkeit oder auch bei noch bestehendem Beschäftigungsverhältnis). Hilfestellungen in diesem Bereich finden Sie in meinem Buch „Langzeit-Krank, wer zahlt?"[1].

Viel Erfolg und gute Genesung!
Ihre Rentenberaterin

Bad Nauheim   Petra Schewe
im Mai 2017

---

[1]Schewe P (2015) Langzeit-Krank, wer zahlt? Institut für Betriebswirtschaft und Rentenberatung, Bad Nauheim.

Inhaltsverzeichnis

1	**Die gesetzliche Erwerbsminderungsrente**	1
2	**Voraussetzungen für eine Erwerbsminderungsrente**	5
2.1	Detaillierter Überblick	5
2.2	Versicherungsrechtliche Voraussetzungen	6
2.2.1	Regelaltersgrenze	7
2.2.2	Allgemeine Wartezeit	8
2.2.3	Besondere versicherungsrechtliche Voraussetzung (3/5tel Regelung)	11
2.3	Medizinische Voraussetzungen	20
2.3.1	Volle oder teilweise Erwerbsminderung	21
2.3.2	Beurteilung der Krankheit oder Behinderung	22

	2.3.3	Einschränkung der Leistungsfähigkeit auf nicht absehbare Zeit	24
	2.3.4	Prüfung der üblichen Bedingungen auf dem allgemeinen Arbeitsmarkt	25
	2.3.5	Bedeutung des Teilzeitarbeitsmarktes	26
	2.3.6	Sonderfall Wege(un)fähigkeit	28
	2.3.7	Sonderfall unübliche Pausen	29
	2.3.8	Sonderfall viele ungewöhnliche Leistungseinschränkungen	29
	2.3.9	Sonderfall Rente wegen Berufsunfähigkeit	33
	Literatur		36

3 Das medizinische Gutachten — 37
3.1 Anamnese — 39
3.2 Untersuchungsbefunde — 40
3.3 Diagnosen — 42
3.4 Epikrise — 43
3.5 Sozialmedizinische Leistungsbeurteilung — 43
3.6 Schlussblatt — 44
3.7 Prüfung des medizinischen Gutachtens — 46
3.8 Fragen der Rentenversicherung an ein medizinisches Gutachten — 47
Literatur — 49

4 Beginn der Erwerbsminderungsrente — 51
4.1 Leistungsfall — 51
4.2 Reha vor Rente – Umdeutung in einen Rentenantrag — 52
4.3 Unbefristete Erwerbsminderungsrente — 54

4.4	Befristete Erwerbsminderungsrente	56
	4.4.1 Antrag stellen	56
	4.4.2 Verlängerungsantrag stellen	57

5 Höhe der Erwerbsminderungsrente   59
5.1 Hintergründe einer Berechnung   59
5.2 Zwei Arten von Erwerbsminderungsrente = zwei verschiedene Beträge   65
5.3 Netto-Rentenberechnung   65
5.4 Hinzuverdienst beim Rentenbezug   67
Literatur   71

6 Erwerbsminderungsrente bei (bestehendem) Arbeitsverhältnis, Krankengeld oder Arbeitslosengeld   73
6.1 Bestehendes Arbeitsverhältnis   73
6.2 Krankengeldzahlungen   75
6.3 Arbeitslosengeld   77

7 Praxisteil   79
7.1 Möglicher Ablauf   79
7.2 Strukturierter Ablauf/Checkliste   81
     7.2.1 Finanzielle Sicherheit klären   82
     7.2.2 Beantragung der Rente vorbereiten   95
7.3 Im Rentenverfahren   113
     7.3.1 Konkreter Ablauf im Rentenverfahren   114
     7.3.2 Prüfung der versicherungsrechtlichen Voraussetzungen   115

		7.3.3	Das medizinische Gutachten in der Praxis	115

7.3.4 Der Bescheid — 116
7.4 Der Bewilligungsbescheid über eine Erwerbsminderungsrente — 117
Literatur — 120

8 Widerspruch und Klage — 123
8.1 Widerspruch — 123
8.2 Klage vor dem Sozialgericht — 128
8.3 Kosten für Widerspruch- und Klageverfahren — 130

9 Persönliche Beratung rund um die Erwerbsminderungsrente — 131
9.1 Neutrale Rentenberater — 132
9.2 Rechtsanwälte — 133
9.3 Sozialverbände — 134

Über die Autorin

Petra Schewe ist Gründerin und Inhaberin vom *Institut für Betriebswirtschaft und Rentenberatung* in Bad Nauheim. Dort unterstützt sie mit ihren Kooperationspartnern mittelständische Unternehmen, Freiberufler, Rechtsanwälte, Sozialstationen und Versicherte in den Sozialsystemen der Deutschen Rentenversicherung, Krankenkassen, Pflegekassen usw.

Die Diplom-Betriebswirtin und rechtlich zugelassene Rentenberaterin schöpft ihr breit gefächertes Wissen aus über 25 Jahren praktischer Erfahrungen in leitenden Positionen mittelständischer Unternehmen und als Leiterin von (gemeinnützigen) Einrichtungen. Ihrer Faszination folgend schwierige Themen für Jedermann in einer verständlichen Form zugänglich zu machen, arbeitet sie als Dozentin, Autorin und ist mit zahlreichen Fachartikeln in vielen Foren ein gern „gesehener" Gastautor.

Petra Schewe findet ihren Schwerpunkt im Sozialversicherungsrecht und in der Personalwirtschaft. Konkret ist sie Spezialistin für Rentenrecht, Krankenkassenrecht, Pflegerecht, Lohn und Gehalt. Sie unterstützt bei sozialversicherungsrechtlichen Betriebsprüfungen, Klärung von Statusfragen, Scheinselbstständigkeit, sinnvoller Gestaltung von Sozialversicherungen, Altersvorsorgefragen – wie Durchsetzung von Renten/Erwerbsminderungsrenten oder auch Prüfung verschiedener betrieblicher und privater Rentenversicherungen – sowie Beratung rund um das Pflegerecht inklusive Prüfung von

Pflegegutachten und Unterstützung bei schwierigen Fragen im Lohn- und Gehaltsbereich. Aufgrund ihrer Rechtszulassung übernimmt sie Widerspruchs- und Klageverfahren vor Sozialgerichten.

Kontakt auf Autorenseite
Weitere Informationen unter: www.InBeRe.de

Klicken Sie sich rein!
https://www.xing.com/profile/Petra_Schewe
https://www.facebook.com/RentenberatungBadNauheim/
https://www.linkedin.com/in/petra-schewe-378860131/?ppe=1
http://www.lohn-gehaltsabrechnung.com/gastautor/autorin-petra-schewe/

1
Die gesetzliche Erwerbsminderungsrente

Der Zeitraum von der Beantragung bis zu einer eventuellen Bewilligung dieser Rentenart kann sich über viele Monate ziehen.

Während dieser langen Zeit besteht die Möglichkeit, die Krankzeiten durch die Lohnfortzahlung des Arbeitgebers zu überbrücken. Auch das anschließende Krankengeld ist ein Faktor zu einer finanziellen Absicherung bei einer langen Krankheit. Schließlich ist ein möglicher Anspruch zu Arbeitslosengeld (auch wenn noch eine sozialversicherungspflichtige Tätigkeit besteht) zu prüfen, sodass während des Rentenverfahrens keine finanzielle Not eintreten kann.

Steht nicht fest, ob Sie noch von Ihrem Arbeitgeber, von der gesetzlichen oder privaten Krankenversicherung oder von der Arbeitsagentur Gelder erhalten können, wäre es sinnvoll, diese Beantragungsmöglichkeiten vorher abzuklären.

Neutrale Berater vor, während oder nach dem Rentenverfahren finden Sie am Ende des Buches.

Einführung und Überblick
Die Renten wegen Erwerbsminderung sind im SGB VI geregelt. Die frühere „Rente wegen Berufsunfähigkeit" und die „Rente wegen Erwerbsunfähigkeit" sind entfallen und durch die volle und die teilweise Erwerbsminderungsrente ersetzt worden. Eine Berufsunfähigkeitsrente im bisherigen Sinne können eventuell noch Versicherte erhalten, die vor dem 02.01.1961 geboren sind (Bestandsschutzregelung).

Damit Sie eine volle oder teilweise Erwerbsminderungsrente oder eine Berufsunfähigkeitsrente in Anspruch nehmen können, müssen Sie verschiedene sozialversicherungsrechtliche und medizinische Voraussetzungen erfüllen.

Grundsätzlich sind Wartezeiten vorher zu leisten, Wartezeiten sind Beitragszeiten oder vergleichbare Zeiten. Untergliedert werden die Zeiten in allgemeine Wartezeiten von mindestens fünf Jahren und besondere Wartezeiten (die letzten drei Jahre benötigen Sie sog. Pflichtbeitragszeiten). Zu den medizinischen Voraussetzungen gelten bestimmte Krankheitsbilder oder ein Unfall, die Sie daran hindern, weiterhin Vollzeit oder Teilzeit einer Tätigkeit nachzugehen. Detaillierte Einzelheiten, Besonderheiten und Ausnahmen zu den versicherungsrechtlichen Bedingungen und Erläuterungen zu Krankheitsbildern sind im Kap. 2 beschrieben. Das Kap. 3 schließt sich mit einer umfassenden Darstellung des medizinischen Gutachtens an.

Die Zahlungen einer Rente wegen Erwerbsminderung beginnen zu unterschiedlichen Zeiten. Ausschlaggebend sind in erster Linie der sog. Leistungsfall und die

1 Die gesetzliche Erwerbsminderungsrente

Rentenart (Dauerrente oder Zeitrente). Kap. 4 befasst sich mit dem Thema und beschreibt die Details.

Von besonderer Bedeutung ist, wie hoch der Zahlbetrag einer möglichen Erwerbsminderungsrente ausfallen wird. Schließlich müssen Sie – ggf. über mehrere Jahre – mit diesem Betrag Ihre Ausgaben bestreiten. Eventuell müssen oder wollen Sie etwas hinzuverdienen. Leider werden die Hinzuverdienstgrenzen sehr stark kontrolliert und deren Überschreitung sanktioniert, sodass Sie sich – falls ein (Neben)Job für Sie infrage kommt – intensiv mit diesem Thema beschäftigen sollten. Einzelheiten hierüber finden Sie in Kap. 5.

Zahlreiche Fragen ergeben sich regelmäßig, wenn sich Zeiten überschneiden und/oder das Arbeitsverhältnis noch besteht. Kap. 6 zeigt auf, welche Verrechnungen von Amts wegen vollzogen werden und was Sie bei einem bestehenden Arbeitsverhältnis beachten sollten.

Der Praxisteil in Kap. 7 führt Sie mit praktischen Beispielen, Erläuterungen und vielen Abbildungen zielsicher durch den Behördendschungel. Von den ersten Überlegungen über die Antragstellung bis zum Bescheid, praktische Erläuterungen und eine Checkliste geben Ihnen Sicherheit in dieser schwierigen Phase.

Schließlich wird in Kap. 8 erläutert, welche rechtlichen Möglichkeiten bestehen, falls Sie einen negativen Bescheid zur Erwerbsminderungsrente von der Deutschen Rentenversicherung erhalten sollten.

Im letzten Kap. 9 sind Spezialisten aufgeführt, die Sie im Vorfeld beraten, im Verfahren begleiten oder Sie auch rechtlich im Widerspruchsverfahren oder im Klageverfahren vertreten können.

2 Voraussetzungen für eine Erwerbsminderungsrente

2.1 Detaillierter Überblick

Grundsätzlich sind nach § 43 SGB VI folgende Voraussetzungen zu erfüllen:

- Es besteht noch kein Anspruch auf die Regelaltersrente.
- Die allgemeine Wartezeit (Mindestversicherungszeit von 5 Jahren) wurde erfüllt.
- Die besonderen versicherungsrechtlichen Voraussetzungen für diese Rentenart liegen vor (sog. 3/5tel Belegung = in den letzten 5 Jahren sind 3 Jahre Pflichtbeitragszeiten vorhanden).
- Es liegt eine Minderung der Erwerbstätigkeit vor.

Es sind somit Vorgaben versicherungsrechtlicher Art zu erfüllen und medizinische Einschränkungen des Gesundheitszustandes. Denn eine Erwerbsminderungsrente erhält nur derjenige, der alle versicherungsrechtlichen Voraussetzungen erfüllt und aus gesundheitlichen Gründen in seiner Erwerbsfähigkeit deutlich eingeschränkt ist. Liegt nur eine Voraussetzung nicht vor (z. B. die 3/5tel Regelung) erhalten Sie keine Rente, auch wenn Ihr Gesundheitszustand derart stark geschädigt ist, dass Sie keiner Tätigkeit mehr nachgehen können. Zuständig für das gesamte Verfahren ist ausschließlich die Deutsche Rentenversicherung.

Werden manche grundsätzlichen Voraussetzungen nicht erfüllt, sollten Ausnahmen oder Besonderheiten geprüft werden oder ein ggf. vorliegender Bestandsschutz. Auch beim Bezug der Erwerbsminderungsrente sind Vorgaben bzw. Hinzuverdienste zu beachten, Abzüge für Sozialversicherung und Steuern. Die Rente wird in den meisten Fällen nur auf Zeit gewährt, sodass auch die rechtzeitige Beantragung einer Verlängerung von besonderer Bedeutung ist.

2.2 Versicherungsrechtliche Voraussetzungen

Nach § 43 SGB VI haben Versicherte der Deutschen Rentenversicherung Anspruch auf eine Erwerbsminderungsrente, wenn Sie die Regelaltersrente noch nicht erhalten, die allgemeine Wartezeit für einen Rentenanspruch erfüllt haben und die 3/5tel Belegung vorweisen können.

2.2.1 Regelaltersgrenze

Sobald die „normale" Rente (Regelaltersrente) beantragt werden kann, erlischt der Anspruch auf eine Erwerbsminderungsrente. Ein Wechsel von einer Regelaltersrente in eine Erwerbsminderungsrente ist ausgeschlossen (§ 34 Abs. 4 SGB VI).

Die Regelaltersrente wird für Versicherte, die vor dem 01.01.1947 geboren sind, mit Vollendung des 65. Lebensjahres gezahlt. Wird das 65. Lebensjahr nach dem 1. des Monats erreicht, wird die Rente ab dem 1. des Folgemonats gezahlt. Mit dem Altersgrenzenanpassungsgesetz vom 20.04.2007 wurde die Regelaltersgrenze schrittweise angehoben. Das bedeutet, dass seit dem Jahre 2012 für die Geburtsjahrgänge 1947 bis 1958 je Jahr um einen Monat die Grenze angehoben wurde und für die Geburtsjahrgänge 1959 bis 1964 je Jahr nochmals um je 2 Monate mit dem Ergebnis, dass ab Geburtsjahrgang 1964 die Regelaltersrente erst mit dem 67. Lebensjahr erreicht wird.

Der individuelle Beginn der Regelaltersrente lässt sich aus der jährlich zugehenden Renteninformation ablesen bzw. aus der Rentenauskunft (umfangreiche Auskunft mit allen Einzelheiten der Rentenberechnung, Versicherungsverlauf etc.).

in dieser Renteninformation haben wir die für Sie vom 01.08.1973 bis zum 31.12.2011 gespeicherten Daten (einschließlich Versorgungsausgleich) und das geltende Rentenrecht berücksichtigt. Ihre **Regelaltersrente** würde nach Erreichen der Regelaltersgrenze (03.11.2024) am **01.12.2024** beginnen. Änderungen in Ihren persönlichen Verhältnissen und gesetzliche Änderungen können sich auf Ihre zu erwartende Rente auswirken. Bitte beachten Sie, dass von der Rente auch Kranken- und Pflegeversicherungsbeiträge sowie gegebenenfalls Steuern zu zahlen sind. Auf der Rückseite finden Sie zudem wichtige Erläuterungen und

Diese Information über den Beginn Ihrer Regelaltersrente wird in der Renteninformation oder Rentenauskunft auf der ersten Seite aufgeführt.

Beachten Sie, dass in den Informationen bzw. Auskünften immer nur Daten bis zu einem bestimmten Zeitpunkt eingeflossen sind. In diesem Beispiel wurden alle Zeiten und Daten bis einschließlich 31.12.2011 eingearbeitet. Es ist daher möglich, dass in der nächsten Information bzw. Auskunft, die Sie erhalten, (wesentliche) Änderungen vollzogen werden, die aufgrund von gesetzlichen Änderungen oder sonstigen Ereignissen (z. B. eigene Zahlungen) nötig waren.

2.2.2 Allgemeine Wartezeit

Die allgemeine Wartezeit bzw. Mindestversicherungszeit von fünf Jahren bzw. 60 Kalendermonaten (§ 50 SGB VI) muss vor Eintritt der Erwerbsminderung (Versicherungsfall bzw. der sog. Leistungsfall) erfüllt sein.

Es handelt sich um Zeiten, für die Beiträge auf das Rentenversicherungskonto geflossen sind oder auch um Zeiten, die aus anderen Gründen anerkannt worden sind (z. B. Kindererziehungszeiten). Wenn Sie regelmäßig eine Renteninformation oder Rentenauskunft von der Deutschen Rentenversicherung erhalten, haben Sie diese Mindestversicherungszeit bereits erreicht, denn die Rentenversicherung verschickt diese Informationen nur an Versicherte, die diese 5 Jahre Beitragszeit erfüllen. Die Mindestversicherungszeit bleibt Ihnen erhalten und kann nicht verfallen, auch wenn Sie in den Folgejahren keine Beiträge mehr einzahlen würden bzw. keine Zeiten mehr anerkannt werden.

Wenn Sie noch keine Renteninformation erhalten haben, lassen Sie prüfen, ob Sie ggf. durch noch nicht anerkannte Zeiten (z. B. Kindererziehungszeiten) die

Mindestversicherungszeiten erfüllen können. Ggf. ist es auch möglich, noch einige Monate freiwillige Beiträge zu leisten, um diese Mindestversicherungszeiten nachweisen zu können. Ihr erster Ansprechpartner sind die Beratungsstellen der Deutschen Rentenversicherung. Neutrale Berater, die Ihnen auch Optimierungsvorschläge unterbreiten, finden Sie bei den Rentenberatern (Bundesverband der Rentenberater).

Arten von Wartezeiten
Als Wartezeiten werden u. a. anerkannt (§ 51, § 54, § 55 SGB VI)

- Beitragszeiten
  Beitragszeiten sind u. a. Pflichtbeitragszeiten für eine sozialversicherungsrechtliche Beschäftigung aus einem Job, Sozialleistungen (z. B. Krankengeld von einer gesetzlichen Krankenkasse), Pflegezeiten, Wehrdienst, Minijobs mit eigener Zahlung von Rentenversicherungsbeiträgen usw.

Sie können diese Zeiten in Ihrem Versicherungsverlauf erkennen:

```
DEÜV   01.04.10-31.12.10    11.688,00 EUR    9 Mon.  Pflichtbeitragszeit
DEÜV   01.01.11-23.08.11    10.150,00 EUR    8 Mon.  Pflichtbeitragszeit
Sozl.  24.08.11-13.09.11       845,00 EUR    1 Mon.  Pflichtbeitragszeit
Sozl.  14.09.11-19.10.11     1.351,00 EUR    1 Mon.  Pflichtbeitragszeit
Sozl.  20.10.11-31.12.11     2.856,00 EUR    2 Mon.  Pflichtbeitragszeit
Sozl.  01.01.12-09.02.12     1.569,00 EUR    1 Mon.  Pflichtbeitragszeit
DEÜV   10.02.12-31.12.12    18.716,00 EUR   11 Mon.  Pflichtbeitragszeit
DEÜV   01.01.13-28.08.13    16.340,00 EUR    8 Mon.  Pflichtbeitragszeit
Sozl.  29.08.13-03.12.13     4.721,00 EUR    4 Mon.  Pflichtbeitragszeit
Sozl.  04.12.13-31.12.13     1.327,97 EUR            Pflichtbeitragszeit
Sozl.  01.01.14-08.01.14       393,47 EUR    1 Mon.  Pflichtbeitragszeit
```

Versicherungsverlauf, Rentenauskunft der Deutschen Rentenversicherung aus 2012. (Mit freundlicher Genehmigung des Empfängers)

DEÜV = Meldung Ihres Arbeitgebers
Sozl. = Meldung der Krankenkasse oder eines anderen Sozialträgers
Zur Wartezeiterfüllung können auch Zeiten zählen wie

- Ersatzzeiten (§ 250 SGB VI), wie Kriegsdienst, Flucht, politische Verfolgung in der ehemaligen DDR,
- Zeiten aus einem Versorgungsausgleich oder Rentensplitting (§ 52) unter Ehegatten,
- Zeiten aus einer ausländischen Versicherung (Europäische Union Art. 51 EG-VO Nr. 883/04 oder EWR; dabei müssen verschiedene Geltungszeiträume beachtet werden).

Vorzeitige Erfüllung der Wartezeit
Ist die Mindestversicherungszeit von fünf Jahren nicht erfüllt, sind Ausnahmen zu prüfen, die eventuell eine (vorzeitige) Erfüllung der Wartezeit bedeuten können.
Beispiele:

- Minderung der Erwerbsfähigkeit aufgrund eines Unfalles oder Berufskrankheit, wenn unmittelbar vorher Versicherungspflicht bestand (zum Beispiel aus einem Job),
- Minderung der Erwerbsfähigkeit aufgrund eines Unfalles oder Berufskrankheit, wenn zwar nicht genau vorher Versicherungspflicht bestand, aber im 2-Jahres-Zeitraum davor mindestens 1 Jahr Pflichtbeiträge bezahlt wurden.
- Die volle Erwerbsminderung tritt vor Ablauf von 6 Jahren nach Beendigung einer Ausbildung ein und in den letzten 2 Jahren wurden mindestens 12 Pflichtbeiträge für eine versicherte Beschäftigung bzw. Tätigkeit gezahlt. Der 2-Jahres-Zeitraum vor Eintritt der

Erwerbsminderung kann sich um Zeiten einer schulischen Ausbildung nach dem 17. Geburtstag verlängern, die Verlängerung beträgt höchstens 7 Jahre,
- oder Wehrdienst- oder Zivildienstbeschädigung
- oder politischem Gewahrsam
- usw.

2.2.3 Besondere versicherungsrechtliche Voraussetzung (3/5tel Regelung)

Neben der allgemeinen Wartezeit sind noch besondere Pflicht-Beitragszeiten (§ 43 SGB VI) zu erfüllen. Hintergrund dieser Regelung ist, dass die Rente einen nahen Bezug zu einer versicherungspflichtigen Beschäftigung erreichen soll.

Für die besonderen versicherungsrechtlichen Voraussetzungen ist es nötig, dass in den letzten 5 Jahren vor Eintritt der Erwerbsminderung (Leistungsfall) mindestens 3 Jahre (36 Monate) Pflichtbeiträge dem Rentenkonto gutgeschrieben worden sind. Die Berechnung des Fünfjahreszeitraumes erfolgt taggenau (§ 26 SGB X). Der Monat, in dem die Erwerbsminderung eintritt, zählt mit, sodass der Zeitraum nicht genau 5 Jahre (60 Kalendermonate), sondern 61 Kalendermonate umfasst.

> **Beispiel einer rückwirkenden Berechnung des Fünfjahreszeitraumes**
>
> Eintritt der Erwerbsminderung sei der 08.04.2017: der Fünfjahreszeitraum umfasst somit den 08.04.2017 rückwirkend bis zum 07.04.2012.

Leistungsfall
Der Leistungsfall bezeichnet den Eintritt eines Ereignisses: bei der Erwerbsminderungsrente somit den Eintritt der Erwerbsminderung. Für die Berechnung des Fünfjahreszeitraumes und auch für das weitere Verfahren ist die Bestimmung des Eintritts der Erwerbsminderung von besonderer Bedeutung. Alle Voraussetzungen, die für den Zugang einer Erwerbsminderungsrente zu erfüllen sind sowie die Zahlungen der Renten sind abhängig von diesem Zeitpunkt. Einzelheiten entnehmen Sie dem Abschn. 2.3.

Pflichtbeitragszeiten
Pflichtbeitragszeiten sind z. B. Beiträge aus einer Beschäftigung oder Pflichtbeiträge aus einer Selbstständigkeit (zum Beispiel Versicherungspflicht kraft Gesetz für Dozenten/Lehrer etc.). Die Zahlung der Beiträge aus einer Beschäftigung erfolgt durch den Arbeitgeber als Abzug vom Gehalt nebst Arbeitgeberbeitragsanteil. Die Beitragspflicht kraft Gesetz von Selbstständigen muss bei der Deutschen Rentenversicherung angemeldet werden. Beitragspflichtige Selbstständige kraft Gesetz sind im Wesentlichen im § 2 SGB VI aufgeführt. Beitragspflichtige Selbstständige zahlen den Beitrag allein.

Pflichtbeitragszeiten sind ebenso Pflichtbeiträge aus einem Minijob (mit eigenen Zahlungen in das Rentenkonto) oder Beiträge, die während eines dualen Studiengangs (seit 2012) gezahlt wurden. Ebenso Beiträge, die als Nachversicherungsbeiträge entrichtet wurden.

Auch manche Zeiten, die anerkannt werden, gelten als Pflichtbeitragszeiten. Insbesondere sind dies

Kindererziehungszeiten, Zeiten von Wehr-/Zivildienst, Sozialleistungsbezug, wie Krankengeld von der gesetzlichen Krankenversicherung, Arbeitslosengeld etc. Seit dem 01.04.1995 sind die Zeiten der nicht erwerbsmäßigen häuslichen Pflege als Pflichtversicherungszeit anerkannt, wenn die Pflege mindestens 14 h/Woche durchgeführt wurde. Auch Beiträge, die im Wege eines Schadenersatzanspruches von einem Dritten gezahlt werden, können Pflichtbeitragszeiten sein und die Nachzahlung von freiwilligen Beiträgen für eine unschuldig erlittene Strafverfolgung (soweit eine versicherungspflichtige Tätigkeit unterbrochen wurde). Ebenso anerkannte Zeiten im Beitrittsgebiet und im Saarland bzw. gleichgestellte Zeiten für eine versicherte Tätigkeit aus einem über- bzw. zwischenstaatlichen Recht oder aus dem Fremdrentengesetz.

Die Zahlung von Pflichtbeiträgen ist auch auf Antrag möglich. Zu beachten ist, dass diese Pflichtversicherung so lange gültig ist, wie der Grund der Beantragung noch besteht. Selbstständige, die nicht schon kraft Gesetz der Versicherungspflicht unterliegen, können sich auf Antrag (bei der Deutschen Rentenversicherung) pflichtversichern (§ 4 SGB VI). Voraussetzung ist, dass die Tätigkeit auf Dauer (mehrere Monate) im Inland ausgeübt werden soll. Auch wenn schon eine andere versicherungspflichtige Beschäftigung besteht oder eine andere rentenversicherungspflichtige Tätigkeit ausgeübt wird, ist eine Antragspflichtversicherung für eine zweite, andere Tätigkeit möglich. Der Antrag muss innerhalb von 5 Jahren nach Aufnahme der selbstständigen Tätigkeit beim zuständigen Rentenversicherungsträger gestellt werden. Wird die Frist versäumt, ist auch das Recht auf die

Antragspflichtversicherung versäumt. Eine Wiedereinsetzung in den vorigen Stand (§ 27 SGB X) ist nicht möglich, da es hierzu nötig wäre, dass man ohne Verschulden die Frist versäumt hat. Eine Fristversäumung für einen Zeitraum von 5 Jahren ist wohl kaum nachweisbar.

Eine Antragspflichtversicherung ist auch für Bezieher von Krankentagegeld aus der privaten Krankenversicherung möglich bzw. für Versicherte in der gesetzlichen Krankenversicherung, die als freiwilliges Mitglied kein Krankengeld gewählt haben. Prüfen Sie Ihren Versicherungsschutz bei Ihrer Krankenkasse. Die private Krankenversicherung zahlt bei der Auszahlung von Krankentagegeld normalerweise keine Beiträge in Ihr Rentenkonto, somit würde eine Lücke entstehen. Selbstständige in der gesetzlichen Krankenversicherung können den Zusatz Krankengeld wählen oder eben nicht, sodass auch hier ggf. keine Beiträge in das Rentenkonto gezahlt werden. Der Antrag auf Zahlung von eigenen Rentenbeiträgen muss in diesen Fällen mit Beginn bzw. spätestens innerhalb von 3 Monaten nach Eintritt der Arbeitsunfähigkeit gestellt werden.

Auch für Personen, die für eine begrenzte Zeit im Ausland beschäftigt sind, ist eine Antragspflichtversicherung möglich (siehe u. a. EWG Verordnung Nr. 1408/71 bzw. EG Nr. 883/2004, Satzung Deutsche Rentenversicherung Bund nach § 138 Abs. 1 Satz 2 Nr. 4, Abs. 2 Satz 1 SGB VI, § 51 Abs. 2 Nr. 4).

Jeder Monat zählt, auch jeder Teilmonat oder auch, wenn nur für einen einzigen Tag ein kleiner Teil als Pflichtbeitrag gezahlt wurde (§ 122 SGB VI). Zahlen Sie somit nur für einen Tag einen Pflichtbeitrag, zählt der gesamte Monat als Pflichtbeitragsmonat.

Freiwillige Beiträge gelten nicht als Pflichtbeitragszeiten. Ebenso zählt der Bezug von Arbeitslosengeld II nicht (2005 bis 2010), wenn dies in Form eines Darlehens (§ 23 SGB II) vollzogen wurde. Ebenso zählen nicht zu den Pflichtbeiträgen im Sinne der 3/5tel-Regelung die übertragene Anwartschaften aus einem Versorgungsausgleich, pauschale Beiträge des Arbeitgebers bei einem Minijob (ohne eigene Rentenzahlungen), Pflichtbeiträge zur Alterssicherung der Landwirte sowie Zeiten einer Haftstrafe usw.

Eigene Prüfung des Fünfjahreszeitraums
In Ihrer Rentenauskunft sind im Versicherungsverlauf alle Zeiten eingetragen. Hier können Sie nachschauen, ob Pflichtbeitragszeiten im Rentenkonto vorhanden sind:

Beispiel

```
DEÜV   01.04.10-31.12.10    11.688,00 EUR    9 Mon. Pflichtbeitragszeit
DEÜV   01.01.11-23.08.11    10.150,00 EUR    8 Mon. Pflichtbeitragszeit
Sozl.  24.08.11-13.09.11       845,00 EUR    1 Mon. Pflichtbeitragszeit
Sozl.  14.09.11-19.10.11     1.351,00 EUR    1 Mon. Pflichtbeitragszeit
Sozl.  20.10.11-31.12.11     2.856,00 EUR    2 Mon. Pflichtbeitragszeit
Sozl.  01.01.12-09.02.12     1.569,00 EUR    1 Mon. Pflichtbeitragszeit
DEÜV   10.02.12-31.12.12    18.716,00 EUR   11 Mon. Pflichtbeitragszeit
DEÜV   01.01.13-28.08.13    16.340,00 EUR    8 Mon. Pflichtbeitragszeit
Sozl.  29.08.13-03.12.13     4.721,00 EUR    4 Mon. Pflichtbeitragszeit
Sozl.  04.12.13-31.12.13     1.327,97 EUR           Pflichtbeitragszeit
Sozl.  01.01.14-08.01.14       393,47 EUR    1 Mon. Pflichtbeitragszeit
```

Prüfung Fünfjahreszeitraum, Rentenauskunft der Deutschen Rentenversicherung aus 2012. (Mit freundlicher Genehmigung des Empfängers)

Einen zweiten Hinweis, ob die 3/5tel-Regelung erfüllt wird, können Sie aus Ihrer Renteninformation oder Ihrer Rentenauskunft „ablesen":

Ihre Renteninformation

Sehr geehrte Frau

in dieser Renteninformation haben wir die für Sie vom 01.08.1973 bis zum 31.12.2011 gespeicherten Daten (einschließlich Versorgungsausgleich) und das geltende Rentenrecht berücksichtigt. Ihre **Regelaltersrente** würde nach Erreichen der Regelaltersgrenze (03.11.2024) am **01.12.2024** beginnen. Änderungen in Ihren persönlichen Verhältnissen und gesetzliche Änderungen können sich auf Ihre zu erwartende Rente auswirken. Bitte beachten Sie, dass von der Rente auch Kranken- und Pflegeversicherungsbeiträge sowie gegebenenfalls Steuern zu zahlen sind. Auf der Rückseite finden Sie zudem wichtige Erläuterungen und zusätzliche Informationen.

Rente wegen voller Erwerbsminderung
Wären Sie heute wegen gesundheitlicher Einschränkungen voll erwerbsgemindert, bekämen Sie von uns eine monatliche Rente von: **1.150,01 EUR**

Höhe Ihrer künftigen Regelaltersrente
Ihre bislang erreichte Rentenanwartschaft entspräche nach heutigem Stand einer monatlichen Rente von: **1.071,11 EUR**
Sollten bis zur Regelaltersgrenze Beiträge wie im Durchschnitt der letzten fünf Kalenderjahre gezahlt werden, bekämen Sie ohne Berücksichtigung von Rentenanpassungen von uns eine monatliche Rente von: **1.737,62 EUR**

Rentenanpassung
Aufgrund zukünftiger Rentenanpassungen kann die errechnete Rente in Höhe von 1.737,62 EUR tatsächlich höher ausfallen. Allerdings können auch wir die Entwicklung nicht vorhersehen. Deshalb haben wir - ohne Berücksichtigung des Kaufkraftverlustes - zwei mögliche Varianten für Sie gerechnet. Beträgt der jährliche Anpassungssatz 1 Prozent, so ergäbe sich eine monatliche Rente von etwa 1.950 EUR. Bei einem jährlichen Anpassungssatz von 2 Prozent ergäbe sich eine monatliche Rente von etwa 2.200 EUR.

Zusätzlicher Vorsorgebedarf
Da die Renten im Vergleich zu den Löhnen künftig geringer steigen werden und sich somit die spätere Lücke zwischen Rente und Erwerbseinkommen vergrößert, wird eine zusätzliche Absicherung für das Alter wichtiger ("Versorgungslücke"). Bei der ergänzenden Altersvorsorge sollten Sie - wie bei Ihrer zu erwartenden Rente - den Kaufkraftverlust beachten.

Mit freundlichen Grüßen
Ihre Deutsche Rentenversicherung Bund

Bitte nehmen Sie diesen Beleg zu Ihren Rentenunterlagen.

Höhe der Rente. Renteninformation der Deutschen Rentenversicherung aus 2012. (Mit freundlicher Genehmigung des Empfängers)

Die erste Zahl ist immer die Höhe Ihrer vollen Erwerbsminderungsrente zu einem bestimmten Zeitpunkt. Diese Zahl wird nicht mehr erscheinen, wenn Sie die besonderen versicherungsrechtlichen Voraussetzungen nicht (mehr) erfüllen. Die zweite Zahl ist die Höhe Ihrer Regelaltersrente (zum Zeitpunkt angesparter Betrag), die dritte Zahl ist lediglich eine Kalkulationsgröße. Die Renteninformation bzw. die Rentenauskunft ist eine Betrachtung der Vergangenheit. Prüfen Sie, bis zu welchem Zeitpunkt die Beiträge im Versicherungsverlauf eingetragen sind. In den meisten Fällen sind alle Daten bis zum Dezember des vergangenen Jahres eingetragen. Fehlen Ihnen Pflichtbeitragszeiten, so prüfen Sie, ob alle Daten vorhanden sind oder ob Sie mit der Zahlung von Pflichtbeiträgen für die Zukunft wieder diese Voraussetzung erfüllen. Einzelheiten und Erläuterungen zu Ihren Rentenbescheiden bzw. Renteninformationen oder Rentenauskünften können Sie meinem Buch „Rentenbescheide" (ISBN 978-3-00-046777-6) entnehmen [1].

Verlängerung des Fünfjahreszeitraumes
Sind in den letzten fünf Jahren keine drei Jahre mit Pflichtbeiträgen vorhanden, so besteht die Möglichkeit, den Fünfjahreszeitraum zu verlängern (§ 43, § 241 SGB VI). Der Zeitraum wird rückwärts in die Vergangenheit verlängert.

Die Verlängerung erfolgt in die Vergangenheit mit besonderen Zeiten, häufig auch als sog. Aufschubzeiten bezeichnet. Dies sind u. a. Anrechnungszeiten, Zeiten des Bezuges einer Rente wegen verminderter Erwerbsfähigkeit, Berücksichtigungszeiten.

Zu den Anrechnungszeiten (§§ 58, 252, 252a SGB VI) können u. a. gelten: Zeiten einer Arbeitsunfähigkeit, Rehazeiten, Teilhabe am Arbeitsleben, Schwangerschaft, Mutterschutz, Arbeitslosigkeit, Ausbildungsplatzsuche, Besuch einer Schule, Fachschule, Hochschule, berufsvorbereitende Bildungsmaßnahmen, Zeiten einer Rente und die dazugehörigen Zurechnungszeiten. Zeiten der Arbeitsunfähigkeit, der Reha, der Schwangerschaft und Mutterschaft, der Arbeitslosigkeit oder Arbeitsplatzsuche sind Anrechnungszeiten, wenn sie eine versicherte Beschäftigung unterbrechen. Es muss somit in den letzten sechs Monaten vorher mindestens ein Pflichtbeitrag gezahlt worden sein bzw. es muss eine andere anrechenbare Zeit dazwischen liegen. Auch mehrere dieser Zeiten hintereinander sind möglich, wobei die Lücke zur nächsten Zeit nicht mehr als einen Monat betragen darf. Die Zeiten einer schulischen Ausbildung nach Vollendung des 17. Lebensjahres verlängern ebenfalls den Fünfjahreszeitraum (bis zu 7 Jahren Schulzeit).

Zu den Renten wegen verminderter Erwerbsfähigkeit sind Renten wegen teilweiser oder voller Erwerbsminderung zu verstehen, Renten für Bergleute und Renten, die nach dem Recht bis zum 31.12.2000 (Berufs- bzw. Erwerbsunfähigkeit) gezahlt wurden.

Berücksichtigungszeiten (§§ 57, 249b SGB VI) sind z. B. Zeiten der (anerkannten) Erziehung eines Kindes bis zum vollenden 10. Lebensjahr des Kindes sowie Zeiten der nicht erwerbsmäßigen Pflege (1992 bis 31.03.1995). Zu beachten ist hier, dass bei einer Selbstständigkeit die Berücksichtigungszeiten nur anerkannt werden, wenn es sich um eine mehr als geringfügige selbstständige Tätigkeit mit Pflichtbeiträgen handelt.

Sonderregelung der 3/5tel-Regelung für ältere Versicherte
Eine Sonderregelung gilt, wenn Sie bereits vor dem 01.01.1984 die allgemeine Wartezeit von fünf Jahren erfüllt haben und ab diesem Zeitpunkt ohne Unterbrechung jeden Kalendermonat Anwartschaftserhaltungszeiten in Ihrem Rentenkonto aufweisen – Sie haben dann automatisch die versicherungsrechtlichen Voraussetzungen erfüllt. Anwartschaftserhaltungszeiten sind Pflichtbeiträge, freiwillige Beiträge, Arbeitslosenzeiten usw. Ob Sie diese Voraussetzung erfüllen, können Sie ebenfalls Ihrer Rentenauskunft entnehmen.

Sonderregelung der 3/5tel-Regelung für behinderte Menschen
Versicherte, die bereits vor der Erfüllung der allgemeinen Wartezeit von fünf Jahren voll erwerbsgemindert waren und das seitdem ununterbrochen sind, erfüllen automatisch die 3/5tel-Regelung, wenn diese Versicherten eine Wartezeit von 20 Jahren erfüllt haben. Die Behinderung kann zum Beispiel seit Geburt bestehen und/oder der Versicherte arbeitet in Werkstätten für behinderte Menschen. Bei der Behinderung seit der Geburt sind auch Zahlungen mit freiwilligen Beiträgen möglich.

Werden die versicherungsrechtlichen Voraussetzungen nicht erfüllt, so ist es nicht möglich, eine Erwerbsminderungsrente (egal, wie krank Sie sind), zu erhalten.

Im Ergebnis würden Sie zum Beispiel nachfolgenden Bescheid erhalten (die Informationen entstammen einem Originalbescheid vom 27.06.2013 der Deutschen Rentenversicherung Bund):

BESCHEID

Sehr geehrter Herr

Es liegt laut Prüfung vom 28.02.2013/25.03.2013 eine volle Erwerbsminderung auf Dauer vor. Eine Rente wird aufgrund der fehlenden versicherungsrechtlichen Voraussetzungen nicht gezahlt.

Ihr Recht

Gegen diesen Bescheid können Sie innerhalb eines Monats nach seiner Bekanntgabe schriftlich Widerspruch erheben. Den Widerspruch richten Sie bitte an folgende Adresse:

Spätestens jetzt muss eine Prüfung erfolgen, ob Ausnahmen greifen könnten oder ob durch andere Maßnahmen (eigene Zahlungen oder Beiträge von anderen Einrichtungen) die Möglichkeit besteht, doch noch die versicherungsrechtlichen Voraussetzungen zu erfüllen.

2.3 Medizinische Voraussetzungen

Einer besonderen Bedeutung bei den Erwerbsminderungsrenten kommt der Bereich der medizinischen Beurteilung zu. Denn die medizinische Beurteilung muss zu dem Ergebnis kommen, dass dem Versicherten es nicht mehr möglich ist, wegen Krankheit oder Behinderung auf nicht absehbarer Zeit unter den üblichen Bedingungen des allgemeinen Arbeitsmarktes mindestens sechs Stunden am Tag zu arbeiten.

2.3.1 Volle oder teilweise Erwerbsminderung

Die Einschränkung der Arbeitsfähigkeit hat unmittelbaren Einfluss auf die Höhe der Erwerbsminderungsrente.
Grundsätzlich wird daher geprüft:

✓ Einschränkung der beruflichen Tätigkeit auf nicht absehbarer Zeit und
✓ besteht ein Restleistungsvermögen unter den allgemeinen Bedingungen des allgemeinen Arbeitsmarktes von mindestens 3 h, aber weniger als 6 h pro Tag,
➢ wenn ja, so besteht eine <u>teilweise</u> Erwerbsminderung

Besteht ein geringeres Restleistungsvermögen:

✓ Einschränkung der beruflichen Tätigkeit auf nicht absehbarer Zeit und
besteht ein Restleistungsvermögen unter den allgemeinen Bedingungen des allgemeinen Arbeitsmarktes von weniger als 3 h pro Tag
ODER
es besteht eine teilweise Erwerbsminderung und es gibt keine Chance auf einen Teilzeitarbeitsplatz (sog. „Arbeitsmarktrente")
➢ wenn ja, so besteht eine <u>volle</u> Erwerbsminderung

Ob ein Anspruch auf eine volle oder teilweise Erwerbsminderungsrente vorliegt, trifft der medizinische Dienst der Rentenversicherung. Als Grundlage dienen sog. sozialmedizinische Leistungsbeurteilungen. Anhand von Diagnosen und Befunden beschreiben die Sozialmediziner das positive und negative Leistungsbild sowie das zeitliche Leistungsvermögen des Versicherten (qualitative und quantitative Leistungsbeurteilung). Weitere Hinweise zu den gesundheitlichen Einschränkungen können (weitere) medizinische Gutachten, Reha-Abschlussberichte oder Aussagen von Fachärzten geben.

2.3.2 Beurteilung der Krankheit oder Behinderung

Eine Erwerbsminderung liegt vor, wenn die Ausübung einer Erwerbstätigkeit auf eine Krankheit oder auf eine Behinderung beruht. Im Sinne des Rentenrechts meint man hiermit einen regelwidrigen körperlichen, geistigen oder seelischen Zustand, der eine Einschränkung der Erwerbsfähigkeit zur Folge hat. Dabei wird nicht vorausgesetzt, dass eine Arbeitsunfähigkeit vorliegt oder die Krankheit behandelt werden muss. Eine Behinderung bedeutet, dass bereits eine dauernde Einschränkung vorliegt (zum Beispiel Taubheit, Verlust eines Armes).

Eine Behinderung nach GdB (Grad der Behinderung) hat keinen direkten Einfluss auf eine Erwerbsminderungsrente. Bei einer vorliegenden Behinderung von zum Beispiel 100 GdB ist es in vielen Fällen trotzdem möglich, einer regelmäßigen Erwerbstätigkeit nachzugehen.

Dennoch kann ein vorhandener GdB einen Einfluss nehmen, da feststeht, dass Einschränkungen durch die Behinderung ggf. vorliegen können.

Die Beurteilung, ob Funktionsstörungen vorliegen, wird von den Ärzten in Klassifikationen eingeteilt. Als Grundlage der Einteilung dient die Klassifikation nach „ICF – Internationale Klassifikation der Funktionsfähigkeit, Behinderung und Gesundheit". Hier wird beschrieben, welche Abweichung von einer Norm vorliegen muss, um eine Erwerbsminderung zu erklären.

Erläuterung des ICF

Die ICF dient fach- und länderübergreifend als einheitliche und standardisierte Sprache zur Beschreibung des funktionalen Gesundheitszustandes, der Behinderung, der sozialen Beeinträchtigung und der relevanten Umgebungsfaktoren eines Menschen. Mit der ICF können die bio-psycho-sozialen Aspekte von Krankheitsfolgen unter Berücksichtigung der Kontextfaktoren systematisch erfasst werden.

Im Grundsatz wird laut ICF folgende Einteilung vorgenommen: Eine Person ist (funktional) gesund, wenn die körperlichen und mentalen Funktionen sowie die Körperstruktur allgemein statistischen Normen entsprechen. Ferner muss diese Person alles tun können, was von einem Menschen ohne Gesundheitsprobleme (im Sinne des ICF) erwartet wird. Außerdem muss gewährleistet sein, dass die Person sich in allen Lebensbereichen (die der Person wichtig sind) entfalten kann.

Die Klassifikation umfasst die Prüfung der Körperfunktionen (physiologische und psychische), Körperstrukturen (Anatomie, Organe, Gliedmaßen), Aktivitäten/Teilhabe (Durchführung von Aufgaben, Handlungen), Lebenssituation, Umwelt (materielle, soziale Aspekte) usw. und (Teil)-Einschränkungen.

Die einzelnen Prüfungen werden nochmals in eine unterschiedliche Schwere beurteilt, wie „nicht vorhanden", „leicht ausgeprägt", „mäßig ausgeprägt", „erheblich ausgeprägt", „voll ausgeprägt", „nicht spezifiziert" bzw. „nicht anwendbar".

2.3.3 Einschränkung der Leistungsfähigkeit auf nicht absehbare Zeit

Einschränkung der Leistungsfähigkeit für eine nicht absehbare Zeit bedeutet, dass die Krankheit bzw. Behinderung mindestens sechs Monate besteht bzw. bestehen wird. Die Prognose für die Zukunft muss somit beinhalten, dass die Einschränkung nicht schon in wenigen Wochen „auskuriert" ist.

Die Beurteilung der Leistungsfähigkeit wird auch nicht, wie bereits erwähnt, durch einen Grad der Behinderung bestimmt oder durch eine zurzeit bestehende Arbeitsunfähigkeit. Gleichwohl kann eine Erwerbsminderung durch eine Behinderung bedingt sein. Die Beeinträchtigung der Leistungsfähigkeit wird, wie im vorigen Kapitel aufgeführt, nach Bewertungsmodellen bestimmt.

2.3.4 Prüfung der üblichen Bedingungen auf dem allgemeinen Arbeitsmarkt

Ein Restleistungsvermögen wird gemessen an den üblichen Bedingungen des allgemeinen Arbeitsmarktes.

Zur Beurteilung der üblichen Bedingungen werden alle Arbeitsbedingungen (allg. gesetzliche Regelungen, Tarifverträge, Betriebsvereinbarungen, Dauer und Verteilung der Arbeitszeit, Arbeitsentgelt) betrachtet. Ist nicht feststellbar, was üblich ist, können auch andere Informationen eingeholt werden (Arbeitsagentur, Refa-Studien).

Nur wenn entsprechende Beschäftigungsverhältnisse in nennenswertem Umfang und beachtlicher Zahl bestehen, gelten sie als üblich.

Die Verweisbarkeit auf den allgemeinen Arbeitsmarkt kommt für jede nur denkbare Tätigkeit in Betracht. Das bedeutet, dass der Versicherte sich nicht auf seinen zuletzt ausgeübten Beruf beziehen kann. Es wird somit nicht möglich sein, sich auf einen Berufsschutz zu beziehen.

Eine Verschlossenheit des allgemeinen Arbeitsmarktes (trotz noch vorhandenem Restleistungsvermögen) trifft zu, wenn eben nicht unter den üblichen Bedingungen gearbeitet werden kann. Im Ergebnis ist eine volle Erwerbsminderung möglich. Die Prüfung der Verschlossenheit des Arbeitsmarktes wurde durch das BSG konkretisiert. Es wurden sog. Katalogfälle ausgearbeitet, die einen Hinweis auf die Verschlossenheit des Arbeitsmarktes geben können (u. a. BSG, Großer Senat, Beschluss vom 19.12.1996 – GS2/95).

Katalogfall 1
Der Versicherte kann noch eine Vollzeittätigkeit ausüben, aber nicht unter den in den Betrieben üblichen Bedingungen.

Katalogfall 2
Der Versicherte kann an sich noch eine Vollzeittätigkeit ausüben, kann jedoch entsprechende Arbeitsplätze aus gesundheitlichen Gründen nicht aufsuchen.

Katalogfall 3
Die Zahl der in Betracht kommenden Arbeitsplätze ist deshalb nicht unerheblich reduziert, weil der Versicherte nur in Teilbereichen eines Tätigkeitsfelds eingesetzt werden kann.

Katalogfälle 4 bis 7
Für den Versicherten kommen nur Tätigkeiten in Betracht, die auf Arbeitsplätzen ausgeübt werden, die an Berufsfremde nicht vergeben werden, die als Schonarbeitsplätze, als Aufstiegspositionen oder die nur in sehr geringer Zahl vorhanden sind.

2.3.5 Bedeutung des Teilzeitarbeitsmarktes

Besteht eine teilweise Erwerbsminderung (Restleistungsvermögen von drei bis unter sechs Stunden Arbeitsfähigkeit pro Tag ist noch vorhanden), wird der Teilzeitarbeitsmarkt von der Deutschen Rentenversicherung geprüft. Diese Prüfung wird von der „konkreten

Betrachtungsweise" abgeleitet, die vom BSG entwickelt worden ist. Die Regelung ist nicht im Gesetz definiert.

Es wird geprüft, ob ein leidensgerechter Arbeitsplatz zu finden ist oder ob eine Arbeitslosigkeit vorliegt.

Als „verschlossen" gilt der Teilzeitarbeitsmarkt, wenn die Vermittlung durch die Arbeitsagentur über ein Jahr dauern würde.

Bei einem (noch) vorhandenen Arbeitsplatz ist zu beachten, dass der Anspruch nach dem Teilzeit- und Befristungsgesetz beim Arbeitgeber geprüft wird. Der Anspruch nach § 8 TzBfG besteht, wenn

- noch ein Arbeitsverhältnis besteht,
- das Unternehmen mindestens 15 Mitarbeiter (ohne Azubis) beschäftigt,
- der Einsatz von 3 bis max. 6 h/Tag im bisherigen Beschäftigungsbereich erfolgen kann,
- das Beschäftigungsverhältnis seit mindestens 6 Monaten besteht,
- wenn für den Arbeitgeber keine verhältnismäßig hohe Belastung besteht.

Der Arbeitgeber erhält vom Rentenversicherungsträger ein Formular, um die Möglichkeit einer Teilzeitbeschäftigung abzuklären.

Wurde durch diese Prüfungen festgestellt, dass der Arbeitsmarkt „verschlossen" ist, wird (statt der teilweisen Erwerbsminderungsrente) eine volle Erwerbsminderungsrente gezahlt. Diese Arbeitsmarktrente wird grundsätzlich nur befristet gezahlt. Eine Auszahlung ins Ausland ist nicht möglich.

2.3.6 Sonderfall Wege(un)fähigkeit

Bei der Prüfung des Restleistungsvermögens kommt es in erster Linie darauf an, wie lange Sie noch die Tätigkeit verrichten können. Die Skala beträgt unter drei Stunden Restleistungsvermögen = eine volle Erwerbsminderungsrente bzw. drei, aber unter sechs Stunden Restleistungsvermögen = eine teilweise Erwerbsminderung. Die erste Beurteilung bezieht sich auf die Tätigkeit und zunächst nicht auf weitere Aspekte. Jedoch muss ebenfalls begutachtet werden, ob eventuell eine Gesundheitsbeeinträchtigung vorliegt, die es nicht erlaubt, eine Arbeitsstelle aufzusuchen.

Die Betrachtung „Wegefähigkeit" bezieht sich darauf, dass ein Versicherter für den Weg zur Arbeitsstelle öffentlich Verkehrsmittel benutzt. Hierfür ist es nötig, dass er von seiner Wohnung zum Verkehrsmittel sowie vom Verkehrsmittel zur Arbeitsstelle und zurück Fußwege meistern muss.

Eine Wegefähigkeit besteht, wenn der Versicherte vier Mal am Tag Wegstrecken von über 500 m mit einem zumutbaren Zeitaufwand zu Fuß bewältigen kann. Auf die Qualität des Weges kommt es nicht an. Ein zumutbarer Zeitaufwand beträgt jeweils 20 min (incl. eventuell notwendiger Pausen und zur Verfügung stehender Hilfsmittel). Außerdem muss die Möglichkeit bestehen, zwei Mal täglich während der Hauptverkehrszeit mit öffentlichen Verkehrsmitteln fahren zu können.

Besitzt der Versicherte ein eigenes Kraftfahrzeug, wird automatisch eine Wegefähigkeit angenommen. In manchen Fällen werden auch Taxikosten von der Deutschen Rentenversicherung übernommen oder es wird ein Zuschuss zur Anschaffung eines Fahrzeuges gewährt.

2.3.7 Sonderfall unübliche Pausen

Bei einer Arbeitszeit von über sechs Stunden (bis neun Stunden) pro Tag müssen laut Arbeitszeitgesetz mindestens 30 min Pause (oder 2 Mal je 15 min) eingehalten werden. Darüber hinaus existieren in der öffentlichen Verwaltung und auch in einigen Wirtschaftsunternehmen weitere zusätzliche Pausenregelungen. In einigen Urteilen der Sozialgerichte wird ferner angenommen, dass zum Beispiel im Bürobereich weitere Pausen durchaus üblich sind. Die Gerichte gehen hierbei von einer persönlichen Verteilzeit aus, die bis zu sieben Minuten pro Stunde betragen kann und für anderweitige Tätigkeiten (zum Beispiel Nahrungsaufnahme) genutzt werden.

So ist die Darlegung von notwendigen unüblichen Pausen relativ schwierig. Bei einer Diabeteserkrankung und deren häufige Behandlung sieht die Rechtsprechung keine unübliche Pause, wie auch der häufige Toilettengang bei zum Beispiel Morbus Chron. Wohingegen Anfallsleiden (zum Beispiel Epilepsie) mit schwerer und häufiger Dauer und deren Auswirkungen (Stürze, eingeschränkte Motorik) durchaus gelten kann.

2.3.8 Sonderfall viele ungewöhnliche Leistungseinschränkungen

Bestehen viele qualitative Einschränkungen und ist die Verweisung auf einen anderen Beruf/Tätigkeit nicht möglich, so kann eine Summierung ungewöhnlicher Leistungseinschränkungen bzw. eine schwere spezifische

Leistungsbehinderung vorliegen. Im Ergebnis wäre eine Erwerbsminderungsrente zu zahlen.

Es müssen mindestens zwei ungewöhnliche Leistungseinschränkungen vorliegen, die in erheblichem Umfang die Leistungsfähigkeit zusätzlich einschränken (siehe Urteil des BSG vom 09.05.2012 B 5 R 58/11 R).

Das BSG schreibt hierfür eine besondere Prüfung vor:

1. Schritt: Prüfung eines ausreichenden Restleistungsvermögens
Der Versicherte kann noch ungelernte bzw. einfache Tätigkeiten verrichten (Zureichen, Abnehmen, Transportieren, Reinigen, Sortieren, Verpacken, Zusammensetzen von Teilen, Bedienen von Maschinen). Trifft dies zu, liegt keine ungewöhnliche Leistungseinschränkung vor.

2. Schritt: Summierung ungewöhnlicher Leistungseinschränkungen bzw. schwere spezifische Leistungsbehinderung
Es handelt sich hierbei um unbestimmte Rechtsbegriffe mit der Folge, dass keine konkreten Beurteilungsmaßstäbe existieren. Vielmehr muss beurteilt werden, ob typische Arbeitsplätze mit körperlich leichter Tätigkeit noch verrichtbar erscheinen.

3. Schritt: Prüfung des konkreten Einzelfalles
Die Prüfung muss ernsthafte Zweifel an einer Einsetzbarkeit in einem Unternehmen darlegen. Je nach Einzelfall können schwere Leistungsbehinderungen oder auch ungewöhnliche Merkmale auftreten. Dabei ist die Art der Beeinträchtigung, Umfang der Ausprägung und die

wechselseitige Beeinflussung von großer Bedeutung. So kann bereits eine einzelne schwere Behinderung einer Verweisung auf eine Tätigkeit entgegenstehen. Eine Summierung liegt vor, wenn dadurch körperlich leichte Arbeit in einem erheblichen Umfang eingeschränkt wird. So könnte das Hörvermögen, die Beweglichkeit der Hände und die Einwirkung von Einflüssen (Kälte, Nässe, Staub) zu einer Summierung (mind. zwei Einschränkungen) führen. Die Rechtsprechung sieht hier zum Beispiel einen Fall von Einäugigkeit als Summierung an. Auch häufige Arbeitsunfähigkeiten können dazu beitragen, eine Summierung zu erkennen. Dabei muss feststehen, dass der Arbeitnehmer die Mindestanforderungen der zu erbringenden Arbeitsleistung nicht mehr erfüllen kann. Die Mindestanforderungen, so das BSG, werden dann nicht mehr erfüllt, wenn der Versicherte die Arbeitsleistung innerhalb eines Jahres zu 50 % durch Krankheit nicht mehr erfüllen kann.

4. Schritt: Benennung einer konkreten Verweisungstätigkeit

Dem Versicherten ist mindestens eine konkrete Verweisungstätigkeit zu benennen. Dabei müssen die Anforderungen und das Leistungsprofil des Versicherten gegenüber gestellt werden und individuell geprüft werden, ob eine solche Tätigkeit möglich ist. Dabei ist auch zu prüfen, ob diese Tätigkeit innerhalb von drei Monaten erlernbar ist, falls die nötige Kompetenz nicht vorliegt.

Eine konkrete Verweisungstätigkeit muss typische Merkmale enthalten, dabei darf nicht nur auf bestimmte Tätigkeiten verwiesen werden. Wird zum Beispiel auf einen kaufmännischen Beruf verwiesen, so muss es sich hierbei um einen üblichen Beruf handeln. Häufig werden hierzu die Beschreibungen eines Berufes als Grundlage herangezogen (Industrie- und Handelskammer oder Berufenet der Arbeitsagentur).

Beispiel: Kaufmann bzw. Kauffrau für Büromanagement

BERUFE ▷Steckbrief   Bundesagentur für Arbeit

Kaufmann/-frau für Büromanagement

Berufstyp	Anerkannter Ausbildungsberuf
Ausbildungsart	Duale Ausbildung in Industrie und Handel, Handwerk sowie im öffentlichen Dienst (geregelt durch Ausbildungsverordnung)
Ausbildungsdauer	3 Jahre
Lernorte	Ausbildungsbetrieb und Berufsschule (duale Ausbildung)

■ **Was macht man in diesem Beruf?**

Kaufleute für Büromanagement führen organisatorische und kaufmännisch-verwaltende Tätigkeiten aus. Sie erledigen beispielsweise den internen und externen Schriftverkehr, entwerfen Präsentationen, beschaffen Büromaterial, planen und überwachen Termine, bereiten Sitzungen vor und organisieren Dienstreisen. Auch unterstützen sie die Personaleinsatzplanung, bestellen Material und kaufen externe Dienstleistungen ein. Zudem betreuen sie Kunden, wirken an der Auftragsabwicklung mit, schreiben Rechnungen und überwachen Zahlungseingänge. Kaufleute für Büromanagement übernehmen ggf. auch Aufgaben in Marketing und Vertrieb, in der Öffentlichkeitsarbeit und im Veranstaltungsmanagement sowie in der Personal- und in der Lagerwirtschaft. Im öffentlichen Dienst unterstützen sie Bürger/innen im Umgang mit der Verwaltung z.B. bei der Antragstellung, klären Anliegen und Zuständigkeiten und wirken an der Aufstellung des Haushalts- oder Wirtschaftsplanes mit.

Berufsbeschreibung der Arbeitsagentur. (www.Arbeitsagentur.de [2])

Der Versicherte muss somit in der Lage sein, diesen Beruf erfüllen zu können. Sind ungewöhnliche Leistungseinschränkungen vorhanden (zum Beispiel Blindheit), so ist es nicht möglich, diesen Beruf unter den üblichen Bedingungen des allgemeinen Arbeitsmarktes zu erfüllen. Als üblich kann nicht angesehen werden, dass z. B. ein Arbeitgeber besondere Vorkehrungen trifft, um auch einem blinden Mitarbeiter die Möglichkeit zu geben, kaufmännische Arbeiten an einem EDV-Arbeitsplatz erfüllen zu können.

2.3.9 Sonderfall Rente wegen Berufsunfähigkeit

Für Versicherte, die vor dem 02.01.1961 geboren sind, gilt eine Übergangsregelung (§ 240 SGB VI) mit der Möglichkeit, eine berufliche Erwerbsminderungsrente zu erhalten.

Die folgenden vier Voraussetzungen versicherungsrechtlicher Art müssen hierfür alle erfüllt sein:

- Mindestversicherungszeit von 5 Jahren (60 Kalendermonate,)
- vor dem 02.01.1961 geboren,
- in den letzten 5 Jahren wurden mindestens für 3 Jahre Pflichtbeiträge gezahlt,
- die Regelaltersgrenze wurde noch nicht erreicht.

Sie erhalten eine teilweise Erwerbsminderungsrente bei Berufsunfähigkeit, wenn der erlernte Beruf oder ein gleichwertiger Beruf nur noch weniger als 6 h pro Tag ausgeübt werden kann.

Zur Prüfung der Berufsunfähigkeit wird zunächst der Hauptberuf bestimmt. Das ist meist der zuletzt ausgeübte bzw. der am längsten ausgeübte Beruf. Anschließend wird ein möglicher Verweisungsberuf nach folgendem Schema geprüft:

Arbeiter

- Vorarbeiter mit Leitungsfunktion
- Facharbeiter
- Angelernter Arbeiter
- Ungelernter Arbeiter

Angestellte

- Führungsebene mit hoher Qualität
- Mit abgeschlossenem Studium
- Mit Meisterprüfung oder abgeschlossener Fachschule
- Mit mehr als zweijähriger Berufsausbildung
- Mit mehr als ein- bis zu zweijähriger Ausbildung
- Mit mehr als drei bis zwölf monatiger Ausbildung
- Ungelernte Tätigkeiten

Wurde eine Berufsausbildung abgeschlossen und danach immer im erlernten Beruf gearbeitet, ergibt sich daraus der Hauptberuf. Liegt keine abgeschlossene Berufsausbildung vor, so wird geprüft, wie lange in den einzelnen Tätigkeiten im Verhältnis zueinander gearbeitet wurden. Wird in verschiedenen Tätigkeiten gearbeitet, so wird versucht festzustellen, welche Tätigkeit überwiegt. Wird der Beruf mehrmals gewechselt, wird die zuletzt ausgeübte Tätigkeit geprüft, wenn es sich hierbei auch um die höchst entlohnte bzw. qualitativ höchste Tätigkeit handelt.

Nach der Bestimmung des Hauptberufes wird die Einschätzung vorgenommen, welche Verweisungstätigkeit infrage kommen könnte. Eine Verweisungstätigkeit auf die nächst geringere Gruppe ist stets möglich mit der Folge eines beruflichen Abstiegs. Es ist also möglich, einen beruflichen Abstieg hinnehmen zu müssen.

Sie müssen aber keinen wesentlichen sozialen Abstieg hinnehmen. Die Zuordnung zu einer bestimmten Tätigkeit/Gruppe ist die zu verrichtende Arbeit. Kriterien sind die tarifliche Eingruppierung, vorhandene Ausbildung, die Anforderungen an den Beruf etc. Es muss möglich sein, dass der Versicherte die Tätigkeit innerhalb von drei Monaten erlernen kann.

Die Verweisungstätigkeit an sich muss konkret benannt werden, die Rentenversicherung muss aber keinen konkreten Arbeitsplatz vermitteln. Es genügt, wenn genügend Arbeitsplätze dieser Art vorhanden sind.

Besonders im kaufmännischen Bereich werden häufig Verweisungsberufe „Poststelle" oder ähnliches benannt. Es muss somit im Einzelnen geprüft werden, ob diese Tätigkeiten auch wirklich dem Restleistungsvermögen entsprechen können (körperliche, psychische Beanspruchungen).

Liegen die Voraussetzungen für eine teilweise Erwerbsminderung wegen Berufsunfähigkeit vor, wird eine Rente gezahlt. Die Rentenhöhe entspricht der einer teilweisen Erwerbsminderung (1/2 volle Erwerbsminderung). Die Zahlung einer Arbeitsmarktrente (teilweise Erwerbsminderung mit verschlossenem Teilzeitarbeitsmarkt wird zur vollen Erwerbsminderungsrente) kann gleichzeitig nicht in Anspruch genommen werden.

Literatur

1. Schewe P (2014) Rentenbescheide. Institut für Betriebswirtschaft und Rentenberatung, Bad Nauheim
2. Agentur für Arbeit. Berufenet. https://berufenet.arbeitsagentur.de/berufenet/bkb/123266.pdf. Zugegriffen: 1. März 2017

3

Das medizinische Gutachten

Laut DRV-Schriftenreihe, Band 21 „Das ärztliche Gutachten für die Rentenversicherung – Hinweise zur Begutachtung" ist wie folgt festzuhalten:

Das medizinische Gutachten der Rentenversicherung beinhaltet als eine typische ärztliche Aufgabe des medizinischen Gutachters die Ermittlung und Feststellung medizinischer Fakten aufgrund von Vorbefunden, klinischer, laborchemischer oder apparativer Diagnostik und die Wertung dieser Befunde bezüglich der Leistungsfähigkeit im Erwerbsleben. Gutachterliche Aussagen zum Leistungsbild in einem bestimmten Beruf setzen eine ausführliche Befragung des zu Begutachtenden voraus. Der Gutachter muss das Anforderungsprofil der zuletzt ausgeübten Tätigkeit hinsichtlich körperlicher Schwere, Körperhaltung, Arbeitsorganisation und ggf. weiterer wesentlicher, vor allem mentaler Anforderungen erfragen. Nur dann kann sich der Gutachter ein Bild über die körperlichen und psychischen Leistungsanforderungen der jeweiligen Tätigkeit machen und einen Abgleich zwischen Fähigkeitsprofil des Versicherten und Anforderungsprofil der Tätigkeit herstellen. Dies ist die Voraussetzung einer begründeten und nachvollziehbaren Einschätzung darüber, inwieweit der Versicherte diese Tätigkeit noch ausüben kann. In jedem Fall ist ein genaues positives und negatives Leistungsbild aufzuzeigen. Auch die für die Leistungen zur Teilhabe wesentliche Frage, ob eine Minderung oder zumindest eine erhebliche Gefährdung des Leistungsvermögens im Erwerbsleben vorliegt, kann unter diesen Voraussetzungen beantwortet werden. Wenn eigene Fachkompetenz und Ermittlungsergebnisse für die Aussagen nicht ausreichen, sollte der Gutachter dies offen darlegen. Falls notwendig, kann er eine gezielte weitere Sachaufklärung anregen.

Das (praktische) Gutachten ist systematisch aufgebaut und gliedert sich in

- Anamnese
- Untersuchungsbefunde
- Diagnosen
- Epikrise
- Sozialmedizinische Leistungsbeurteilung
- Schlussblatt

3.1 Anamnese

Die Anamnese bedeutet, dass die Krankheitsvorgeschichte erfragt und dargestellt wird. Die Anamnese ist somit der erste Schritt auf den alle anderen Fragenstellungen und Analysen zur Krankheit aufbauen.

Beginnend mit einer ggf. vorliegenden familiären Belastung (Eltern, Geschwister), zum Beispiel selbiges Krankheitsbild, langes Leiden, Tod aufgrund einer bestimmten Krankheit. Anschließend folgen Fragen zur konkreten Krankheitsgeschichte des Versicherten, wie Beginn der Erkrankung mit welchen Beschwerden, wie hat sich die Krankheit im Laufe der Zeit verschlechtert. Hierzu werden die entsprechenden Befunde (anderer Ärzte) hinzugezogen.

Abschließend wird zum Zeitpunkt der Antragsstellung der aktuell bestehende Gesundheitszustand erfragt. Im Einzelnen die bestehenden Krankheiten, Beschwerden, Belastungen sind von Bedeutung. Ebenso die aktuellen Besuche anderer (Fach)Ärzte, längere Arbeitslosigkeit, Darstellung des derzeitigen Alltages (Aufstehen, Körperpflege, Frühstücken, Erledigung der Hausarbeit, Einkäufe etc.). Wichtig in diesem Zusammenhang ist die Feststellung, ob die einzelnen Tätigkeiten mit oder ohne Probleme (noch) erledigt werden können. Auch werden die vegetativen Funktionen (Verdauung, Allergien, Gewichtszunahmen in kurzer Zeit etc.) erfragt, sowie Alkohol-, Nikotin- und Drogenkonsum. Zur Krankheitsvorgeschichte gehört ebenfalls die aktuelle Medikamenteneinnahme, psychotherapeutische Behandlungen, Krankengymnastik etc.

Die soziale Anamnese erfragt den schulischen und beruflichen Werdegang, Ausbildungen, ausgeübte berufliche Tätigkeiten, Arbeitslosenzeiten. Konkret muss dargestellt werden, ob zum aktuellen Zeitpunkt welche Tätigkeiten noch oder nicht mehr ausgeübt werden können und ob es noch möglich ist, die Tätigkeiten in einer bestimmten Körperhaltung (sitzend, stehend etc.) noch durchzuführen. Dazu gehören noch Fragestellungen zu Allergien (zum Beispiel zu Putzmitteln) oder auch eine mögliche Pflege von Angehörigen, Teilnahme an Selbsthilfegruppe o. ä.

3.2 Untersuchungsbefunde

Die körperliche Untersuchung umfasst den Allgemeinzustand (Größe, Gewicht, Bewegungsabläufe etc.). Die Untersuchung beginnt beispielsweise beim Kopf, Sinnesorgane, Augen, Ohren, Riechen, Geschmack. Begutachtung des Halses, Körper, Atmungsorgane, Herz, Kreislauf.

Für die (weitere) Beurteilung werden auch die anderen Untersuchungsunterlagen hinzugezogen bzw. es werden ggf. neue angefordert (zum Beispiel Lungenfunktionstests, Laborbefunde, Röntgenbefunde, EKG etc.).Sind Untersuchungen der Psyche notwendig, so werden ebenfalls psychiatrische Begutachten angefordert bzw. durchgeführt.

Funktionseinschränkungen müssen präzise beschrieben werden. So wird zum Beispiel bei der Untersuchung der Wirbelsäule, Halswirbelsäule, Prüfung der Beweglichkeit etc. häufig die sog. Neutral-Null-Methode angewandt.

3 Das medizinische Gutachten

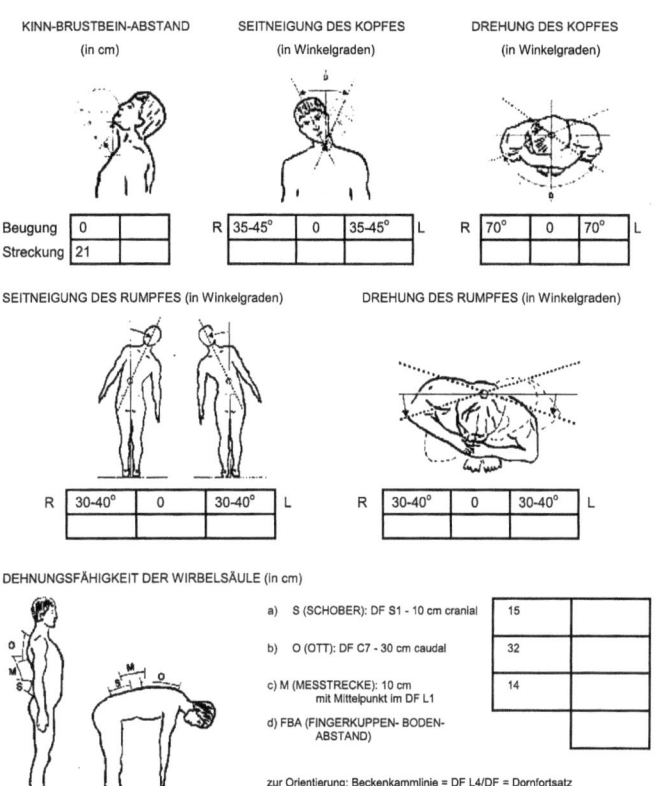

Untersuchung der Halswirbelsäule. Leitfaden für die arbeitsamtsärztliche Begutachtung, Herausgeber: Bundesanstalt für Arbeit (BA), Nürnberg, Stand: 01.09.2000 (Auszug: Seite 23) [1]. (Bundesagentur für Arbeit)

Die Funktionsstörung wird hier allerdings immer im Zusammenhang mit dem Alltagsablauf sowie den Freizeitaktivitäten gesehen. In der Leitlinie zur sozialmedizinischen Beurteilung der Leistungsfähigkeit bei Bandscheibenerkrankungen der Deutschen Rentenversicherung Bund wird zum Beispiel dargelegt, dass bei der Beurteilung mit der Neutra-Null-Methode eine Abweichung von 20 Grad vorliegen muss, um nicht mehr der Norm zu entsprechen. Doch auch bei 20 Grad ist noch nicht mit einer Leistungseinschränkung zu rechnen. Erst bei 30 Grad ist eine berufliche Tätigkeit nur noch auf leichte körperliche Arbeit beschränkt. Bei einer Einschränkung um mehr als zwei Drittel ist auch eine leichte körperliche Arbeit nicht mehr möglich. Allerdings ist zu beachten, dass stets der Einzelfall zu beurteilen ist.

3.3 Diagnosen

Nach der Untersuchung werden die jeweiligen Diagnosen festgestellt und nebst Diagnoseschlüssel aufgeführt.

Mithilfe von Diagnoseschlüsseln werden die Krankheiten einheitlich definiert. Diagnoseschlüssel setzen sich aus einem Buchstaben, einer zweistelligen Zahl und weiteren ein- oder zweistelligen Zahlen zusammen. Jeder Buchstabe steht für eine Krankheitsgruppe („F" für psychische Erkrankungen). Die dazugehörende Zahl beschreibt die Krankheit genauer, so bedeutet „F32.0", dass eine leichte Depression vorliegt, „F32.1" hingegen, dass eine mittelschwere Depression diagnostiziert wurde.

3.4 Epikrise

Die Epikrise ist eine Zusammenfassung der einzelnen Krankheiten und enthält den Gesamtbefund bezogen auf die Leistungsfähigkeit im Erwerbsleben. Sie ist eine Interpretation der Krankengeschichte und der Therapien und definiert schließlich eine Prognose für die Zukunft bezüglich des Krankheitsbildes.

Die Epikrise enthält ebenfalls mögliche Probleme, die innerhalb der Untersuchungen aufgetreten sind (z. B. Sprachschwierigkeiten, auffällige Verhaltensweisen).

Schließlich wird nochmals textlich erläutert, wie hoch das Restleistungsvermögen zu beurteilen ist. Die Epikrise ist somit die Grundlage für die nachfolgende sozialmedizinische Leistungsbeurteilung.

3.5 Sozialmedizinische Leistungsbeurteilung

Die sozialmedizinische Leistungsbeurteilung beschreibt die (noch) vorhandenen Fähigkeiten des Versicherten und setzt sie den nötigen Anforderungen der zuletzt ausgeübten Tätigkeit gegenüber.

Im individuellen positiven und negativen Leistungsbild sind die einzelnen Fähigkeiten zu beschreiben nebst den festgestellten Einschränkungen. Hierbei müssen sich die Störungen aus den Erläuterungen der Epikrise herleiten lassen. Die Leistungsbeurteilung bezieht sich sowohl auf die Qualität der (noch) zu erbringenden Tätigkeiten wie auch auf die Quantität.

Von besonderer Bedeutung ist die Feststellung, ob die Leistungseinschränkung nur kurzfristig, von einiger Dauer oder dauerhaft vorhanden ist bzw. sein wird. Aufgrund dieser Darstellung könnte eine Zeitrente oder eine Dauerrente das Ergebnis werden.

Bei der sozialmedizinischen Leistungsbeurteilung wird nicht beurteilt, ob die Vermittelbarkeit am Arbeitsmarkt möglich ist, ob Doppelbelastungen vorhanden sind oder das Lebensalter des Versicherten, auch spielt eine ggf. vorhandene Schwerbehinderung keine Rolle.

3.6 Schlussblatt

Im Schlussblatt werden die Ergebnisse in tabellarischer Form aufgeführt und bieten somit eine gute Übersicht:

3 Das medizinische Gutachten 45

Versicherungsnummer: | | | | | | | | | |

Ärztliches Gutachten Schlussblatt Teil 1

Sozialmedizinische Leistungsbeurteilung

A. Letzte berufliche Tätigkeit

Bezeichnung der Tätigkeit

Beurteilung des zeitlichen Umfanges, in dem die letzte berufliche Tätigkeit ausgeübt werden kann:
☐ 6 Stunden und mehr ☐ 3 bis unter 6 Stunden ☐ unter 3 Stunden

B. Positives und negatives Leistungsbild (allgemeiner Arbeitsmarkt) Zutreffendes ankreuzen (X), Mehrfachnennungen möglich

1. Positives Leistungsbild Folgende Arbeiten können verrichtet werden:

Körperliche Arbeitsschwere: ☐ schwere Arbeiten ☐ mittelschwere ☐ leichte bis mittelschwere ☐ leichte

Arbeitshaltung:
- im Stehen: ☐ ständig ☐ überwiegend ☐ zeitweise
- im Gehen: ☐ ständig ☐ überwiegend ☐ zeitweise
- im Sitzen: ☐ ständig ☐ überwiegend ☐ zeitweise

Arbeitsorganisation: ☐ Tagesschicht ☐ Früh-/Spätschicht ☐ Nachtschicht

☐ Keine wesentlichen Einschränkungen

2. Negatives Leistungsbild
Einschränkungen beziehen sich auf (Art/Ausmaß müssen differenziert unter Ziff. 3 beschrieben werden):

☐ **geistig/psychische Belastbarkeit**
(Zu beachten sind insbesondere Konzentrations-/Reaktionsvermögen, Umstellungs-, Anpassungsvermögen, Verantwortung für Personen und Maschinen, Publikumsverkehr, Überwachung, Steuerung komplexer Arbeitsvorgänge).

☐ **Sinnesorgane**
(Zu beachten sind insbesondere Seh-, Hör-, Sprach-, Sprech-, Tast- und Riechvermögen).

☐ **Bewegungs-/Haltungsapparat**
(Zu beachten sind insbesondere Gebrauchsfähigkeit der Hände, häufiges Bücken, Ersteigen von Treppen, Leitern und Gerüsten, Heben, Tragen und Bewegen von Lasten, Gang- und Standsicherheit, Zwangshaltungen).

☐ **Gefährdungs- und Belastungsfaktoren**
(Zu beachten sind insbesondere Nässe, Zugluft, extrem schwankende Temperaturen, inhalative Belastungen, Allergene, Lärm, Erschütterungen, Vibrationen, Tätigkeiten mit erhöhter Unfallgefahr, häufig wechselnde Arbeitszeiten).

3. Beschreibung des Leistungsbildes (insbesondere der unter Ziffer 2 genannten Einschränkungen).

4. Beurteilung des zeitlichen Umfanges, in dem eine Tätigkeit entsprechend dem positiven und negativen Leistungsbild ausgeübt werden kann:
☐ 6 Stunden und mehr ☐ 3 bis unter 6 Stunden ☐ unter 3 Stunden

⊃ Bitte alle Blätter ausfüllen und jeweils mit Seitenzahl und Versicherungsnummer kennzeichnen! ⊂

Sozialmedizinische Leistungsbeurteilung. DRV-Schriften, Band 21, Das ärztliche Gutachten für die gesetzliche Rentenversicherung, Ausgabe September 2001 [2]. (Deutsche Rentenversicherung)

3.7 Prüfung des medizinischen Gutachtens

Sie haben das Recht, dass man Ihnen eine Kopie des Gutachtens zur Verfügung stellt. Ist das Ergebnis nicht zu Ihrer Zufriedenheit, so wäre beispielsweise folgende Prüfung durchzuführen:

Hat der Gutachter alle Angaben über die vorhandenen Beschwerden aufgeführt? Ist das Ergebnis des Schlussblattes auch das Ergebnis aus der Epikrise? Wurden vom Arzt alle Untersuchungen selbst durchgeführt oder handelt es sich überwiegend um ein Gutachten nach Aktenlage? Wurde ein Gespräch mit dem Gutachterarzt durchgeführt? Waren die Fragen vom Arzt verständlich und nachvollziehbar? Wurden alle vorhandenen Informationen, sonstige Gutachten etc. berücksichtigt oder fehlen wichtige Punkte? Zeigen sich Widersprüche zu den vorhandenen Unterlagen?

Hier handelt es sich um eine Detailprüfung des Gutachtens mit allen vorliegenden Unterlagen, Angaben und tatsächlichen Untersuchungen. Haben Sie Differenzen im Gutachten festgestellt und liegt Ihnen jetzt bereits ein (negativer) Bescheid über eine Erwerbsminderungsrente vor, so wäre ggf. ein rechtlicher Weg (Widerspruchsverfahren) durchzuführen. Einzelheiten entnehmen Sie bitte dem entsprechenden Kapitel.

3.8 Fragen der Rentenversicherung an ein medizinisches Gutachten

Die Rente wegen Erwerbsminderung kann nur erreicht werden, wenn eine qualitative und/oder quantitative Einschränkung der Leistungsfähigkeit vorhanden ist. Da im letzten Schritt die Verwaltung der Deutschen Rentenversicherung einen Bescheid erteilen muss, ist es nötig, dass für die Verwaltung bestimmte medizinische Kriterien erfüllt sind. Deshalb werden folgende Merkmale geprüft:

- Welches Leistungsvermögen in qualitativer Hinsicht ist noch vorhanden
- Welches Leistungsvermögen in quantitativer Hinsicht ist noch vorhanden
- Welche Einschränkungen sind vorhanden (positives, negatives Leistungsbild, bezogen auf die zuletzt ausgeübte Tätigkeit, seit wann bestehen die Einschränkungen)
- Wann ist mit einer Besserung zu rechnen (max. 3-Jahres-Zeitraum) oder ist eine Besserung nicht zu erwarten
- Kann die Leistungseinschränkung evtl. durch ein Leistung zur Teilhabe wesentlich gebessert bzw. eine wesentliche Verschlechterung verhindert werden
- Liegt ein Fremdverschulden vor und kann damit ggf. ein Regressanspruch durchgesetzt werden

Das positive Leistungsvermögen beschreibt die noch zur Verfügung stehenden Möglichkeiten – trotz Leistungseinschränkungen. Das negative Leistungsvermögen umfasst die (qualitativen) Einschränkungen, die – ausgehend von einem Arbeitsplatz – nicht mehr möglich sind (z. B. Bewegungseinschränkungen oder auch psychische Einschränkungen). Diese Beschreibungen müssen sich aus dem festgestellten Krankheitsbild ergeben.

Auf der Grundlage der qualitativen Beurteilung der Leistungsfähigkeit muss schließlich der zeitliche Umfang, der täglich noch gearbeitet werden kann, festgehalten werden. Es geht hierbei um die regelmäßig mögliche Arbeitszeit. Kurzfristige Einschränkungen oder kurzfristig höhere Leistungen bleiben hierbei unberücksichtigt. Nur bei Kombinationen verschiedener Einschränkungen kann ein Einfluss auf die regelmäßige Zeit vorliegen.

Die Einteilung im Gutachten muss in drei Zeitfenstern erfolgen:

- 6 h und mehr
- 3 bis unter 6 h
- weniger als 3 h

Renten wegen Erwerbsminderung werden in der Regel nur noch befristet gewährt. Eine Ausnahme muss im Gutachten explizit aufgeführt werden. Eine unbefristete Rente ist nur möglich, wenn es unwahrscheinlich ist, dass die Minderung der Erwerbsfähigkeit behoben werden kann. Die Unwahrscheinlichkeit der Besserung wird dabei an folgende Punkte geknüpft:

- Die ärztliche Sicht,
- der bisherige Krankheitsverlauf,
- medizinische Erkenntnisse unter Berücksichtigung therapeutischer Möglichkeiten,

- eine Besserung und damit eine Steigerung der Leistungsfähigkeit kann nicht erkannt werden.

Ist der mögliche Verlauf unklar oder nicht beurteilbar, wird stets eine Besserung als möglich eingestuft. Im Ergebnis wird eine befristete Rente gewährt. Erst bei einer Zeitdauer von neun Jahren in einer laufenden Erwerbsminderungsrente ist davon auszugehen, dass keine Besserung eintreten wird. Nach diesem Zeitfenster von mehreren befristeten Erwerbsminderungsrenten wird eine unbefristete Rente gewährt.

Literatur

1. Bundesanstalt für Arbeit BA (Hrsg) (2000) Leitfaden für die arbeitsamtsärztliche Begutachtung, Nürnberg, Stand: 1.09.2000 (Auszug: Seite 23)
2. Verband deutscher Rentenversicherungsträger VDR (Hrsg) (2001) Das ärztliche Gutachten für die gesetzliche Rentenversicherung. DRV-Schriften Band 21 Stand: September 2001 (Auszug: Seite 30)

4

Beginn der Erwerbsminderungsrente

Häufig wird angenommen, dass die Rentenzahlung beginnt, sobald ein Antrag gestellt worden ist. Leider eine Fehleinschätzung, die große Auswirkungen auf das finanzielle Polster nehmen kann. Eine gute „Organisation" der finanziellen Möglichkeiten (Lohnfortzahlung, Krankengeld, Arbeitslosengeld) ist daher unerlässlich.

4.1 Leistungsfall

Der Beginn einer Erwerbsminderungsrente benötigt natürlich ein konkretes Datum. Häufig wird als Datum ein besonderes Ereignis zugrunde gelegt, der sog. „Leistungsfall". Das kann eine bestimmte Krankheit sein oder ein Unfall (Herzinfarkt, Unfalltag). Auch ein Arzt kann eine Verschlechterung des Krankheitsbildes an einem bestimmten Tag festgestellt haben.

Wenn kein konkretes Datum vorliegt (zum Beispiel bei schleichender Verschlechterung des Gesundheitszustandes), so wird hilfsweise auf bestimmte Ereignisse zurückgegriffen.

Beispiele:

- Beginn der letzten Arbeitsunfähigkeit
- Datum der Arbeitsaufgabe aus Krankheitsgründen
- Datum einer Krankenhausaufnahme
- Datum des Reha-Antrages
- Datum des Rentenantrages

Das Datum eines Reha-Antrages oder das Datum des Rentenantrages aufgrund einer Erwerbsminderung ist der letzte „Ausweg", wenn keine anderen Anhaltspunkte vorliegen.

Grundsätzlich werden Erwerbsminderungsrenten nur befristet gewährt. Eine „Dauerrente", also eine unbefristete Rente wird nur in Ausnahmefällen bewilligt.

4.2 Reha vor Rente – Umdeutung in einen Rentenantrag

Häufig wird vor der Beantragung einer Erwerbsminderungsrente eine Rehabilitationsmaßnahme durchgeführt. Ob aus eigenen Überlegungen oder auf Hinweis des oder der behandelnden Ärzte.

4 Beginn der Erwerbsminderungsrente

Spätestens wenn Sie längere Zeit Krankengeld erhalten, werden Sie von der Krankenkasse aufgefordert, eine medizinische Rehabilitation zu beantragen. Dies ist immer dann der Fall, wenn eine Minderung oder erhebliche Gefährdung der Erwerbsfähigkeit zu erwarten ist. Insbesondere bei schwerwiegenden Krankheiten, die längere Arbeitsunfähigkeiten zur Folge haben, werden Ihnen Rehabilitationen für die Wiederherstellung der Gesundheit bzw. für die Wiedereingliederung in da Berufsleben empfohlen.

Liegen eindeutige Hinweise bezüglich einer Minderung oder Gefährdung der Erwerbsfähigkeit vor, kann die Krankenkasse Ihnen eine Frist von 10 Wochen setzen, innerhalb der Sie einen Antrag auf Leistungen zur Rehabilitation stellen müssen. Wird der Antrag nicht fristgerecht gestellt, entfällt der Anspruch auf Krankengeld. Wird der Antrag später gestellt, lebt der Anspruch auf Krankengeld wieder auf.

Bei Abschluss der Maßnahme wird ein Entlassungsbericht ausgefertigt, der Aufschluss über den (medizinisch eingeschätzten) Gesundheitszustand geben kann.

Wird nach Prüfung der medizinischen Tatsachen festgestellt, dass Sie weder vollständig noch teilweise in das Erwerbsleben zurückkehren können, wird ggf. der Reha-Antrag automatisch in einen Renten-Antrag (§ 116 SGB VI) umgewandelt. Sind Sie damit nicht einverstanden, haben Sie nur ein eingeschränktes Dispositionsrecht. Das bedeutet, Sie sollten sich vorher mit Ihrer Krankenkasse in Verbindung setzen. Die Krankenkasse hat ein berechtigtes Interesse des Versicherten zu berücksichtigen, das heißt, sie muss „Ermessen" ausüben. Das bedeutet, dass die Umdeutung des Reha-Antrages in einen Renten-Antrag zurückgenommen werden kann, wenn Sie Gründe hierfür vorlegen können (z. B. erhebliche Nachteile beruflicher oder finanzieller Art). Lehnen Sie die Umdeutung ab, erklären aber die Gründe nicht, so werden Sie von der Rentenversicherung immer wieder darauf hingewiesen, dass Sie sich mit Ihrer zuständigen Krankenkasse in Verbindung setzen mögen, da diese Ermessen ausüben kann.

Erhalten Sie Arbeitslosengeld, so ist es möglich, dass Sie durch die Arbeitsagentur aufgefordert werden, einen Antrag auf Reha zu stellen. Auch hier sind Sie grundsätzlich verpflichtet, der Aufforderung zu folgen.

4.3 Unbefristete Erwerbsminderungsrente

Eine Dauerrente wird bewilligt, wenn das Beheben der verminderten Erwerbsfähigkeit unwahrscheinlich erscheint. Die Beurteilung kann nur durch den Arzt erfolgen und wird im Gutachten aufgeführt.

Die unbefristete Erwerbsminderungsrente beginnt mit dem Monat, an dessen Beginn sämtliche Voraussetzungen für eine Erwerbsminderungsrente vorliegen (also alle sozialversicherungsrechtlichen und alle medizinischen Voraussetzungen/§ 99 SGB VI) und die Zahlung ist abhängig vom Datum der Antragsstellung.

Die Zahlung einer unbefristeten Erwerbsminderungsrente wird, sobald die Regelaltersgrenze erreicht

4 Beginn der Erwerbsminderungsrente

wird, automatisch zu einer Rente wegen Alters (Regelaltersrente).

Antrag stellen

Es ist ein Antrag auf Erwerbsminderung nötig. Der Antrag muss innerhalb von drei Kalendermonaten nach Eintritt des „Leistungsfalles" (also der Erwerbsminderung) gestellt werden.

> **Beispiel:**
>
> Eintritt Erwerbsminderung: 04.04.2017
> Rentenantrag: 12.06.2017
> Eine Dauerrente beginnt: 01.05.2017
>
> Die Erwerbsminderungsrente auf Dauer wird zum nächsten Ersten des Monats nach dem Eintritt der Erwerbsminderung gezahlt.

Wird der Antrag erst nach Ablauf von drei Kalendermonaten nach Eintritt des Leistungsfalles gestellt, beginnt die Rente am ersten Tag des Monats, in dem der Antrag gestellt wurde.

> **Beispiel:**
>
> Eintritt Erwerbsminderungsrente: 04.04.2017
> Rentenantrag: 12.12.2017
> Eine Dauerrente beginnt: 01.12.2017
>
> Wird die Rente nicht fristgerecht innerhalb der ersten drei Monate beantragt, beginnt die Rente erst Anfang des Antragsmonats.

> **Beispiel:**
>
> Antrag auf Rehabilitation: 02.10.2017
>
> Umdeutung Reha-Antrag in Renten-Antrag, da Erwerbsminderung vorliegt.
> Eine Dauerrente beginnt: 01.10.2017

4.4 Befristete Erwerbsminderungsrente

Eine Zeitrente wird bewilligt, wenn das Beheben der verminderten Erwerbsfähigkeit wahrscheinlich erscheint. Die Beurteilung kann nur durch den Arzt erfolgen und wird im Gutachten aufgeführt. Die Gewährung einer befristeten Rente (§ 102 SGB VI) bildet eher den Regelfall. Eine unbefristete Rente wird nur in Ausnahmefällen gewährt.

4.4.1 Antrag stellen

Die befristete Erwerbsminderungsrente beginnt in der Regel erst nach sieben Monaten, nachdem sämtliche Voraussetzungen für eine Erwerbsminderungsrente vorliegen und ein Antrag gestellt worden ist (§ 101 Abs. 1 SGB VI).

> **Beispiel:**
> Eintritt Erwerbsminderung: 04.04.2017
> Rentenantrag: 12.06.2017
> Eine Zeitrente beginnt: 01.11.2017

Durch das Flexirentengesetz vom 08.12.2016 wurde ein zusätzlicher Paragraf hinzugefügt: § 101 Abs. 1a SGB VI. So beginnen befristete Renten wegen voller Erwerbsminderung (keine Arbeitsmarktrente!) vor Beginn des siebten Monats, wenn der Anspruch auf Arbeitslosengeld oder der Anspruch auf Krankengeld nach Feststellung der Erwerbsminderung entfallen sind. Die volle Erwerbsminderung beginnt dann bereits am Tag nach dem Wegfall der zuvor bezogenen Sozialleistung. Vergessen Sie nicht, rechtzeitig einen Antrag auf der Grundlage des neuen Paragrafen zu stellen.

Grundsätzlich werden befristete Erwerbsminderungsrenten zunächst nur für eine gewisse Zeit gewährt, die Maximaldauer pro Gewährung beträgt drei Jahre. Wenn feststeht, dass eine Besserung des Leistungsvermögens unwahrscheinlich ist, kann die befristete Rente in eine unbefristete Rente führen.

4.4.2 Verlängerungsantrag stellen

Ein Verlängerungsantrag sollte möglichst vier Monate vor Fristablauf gestellt werden. Wird kein Verlängerungsantrag gestellt, endet die befristete Erwerbsminderungsrente.

Nach mehrmaliger Bewilligung einer Zeitrente kann diese automatisch zu einer Dauerrente werden. Hierfür sind insgesamt neun Jahre Zeitrente nötig, da nach dieser Zeit angenommen wird, dass mit keiner Verbesserung der Erwerbsfähigkeit zur rechnen ist.

Eine Ausnahme von der Entfristung ist nur in begründeten Einzelfällen möglich (zum Beispiel neue Therapien, die eine Verbesserung möglich machen). Es besteht eine Mitwirkungspflicht bezüglich einer zumutbaren Behandlung (§ 65 SGB I). Verweigert der Versicherte eine zumutbare Behandlung, kann die Deutsche Rentenversicherung die Rente bzw. die Weitergewährung der Rente ablehnen. Die Rentenversicherung ist verpflichtet, dem Versicherten mitzuteilen, dass diese Mitwirkungspflicht besteht.

Arbeitsmarktrente
Eine Arbeitsmarktrente wird gewährt, wenn eine teilweise Erwerbsminderung besteht und keine Chance auf dem Teilzeitarbeitsmarkt besteht, eine sozialversicherungspflichtige Tätigkeit aufzunehmen.

Eine Arbeitsmarktrente wird stets befristet und nicht in eine Dauerrente überführt, da angenommen wird, dass sich der Teilzeitarbeitsmarkt ggf. verändern kann.

Es ist möglich, dass gleichzeitig eine teilweise Erwerbsminderungsrente als unbefristete Erwerbsminderungsrente sowie eine volle Erwerbsminderungsrente als befristete Arbeitsmarktrente gewährt werden. Von einigen Rentenversicherungsträgern werden daher zwei Bescheide erteilt – mit unterschiedlichen Beginndaten.

5

Höhe der Erwerbsminderungsrente

Grundlage für die Berechnung sind zunächst die eingezahlten Beiträge. Je länger und je höher bisher Beiträge gezahlt wurden, desto höher fällt die Erwerbsminderungsrente aus. Daneben erhöhen Zurechnungszeiten die Rente, abzuziehen sind aber wieder Prozente (Abschläge), da es sich im rentenrechtlichen Sinne um eine vorzeitige Rente handelt.

5.1 Hintergründe einer Berechnung

Der Brutto-Zahlbetrag lässt sich aus den jährlich eintreffenden Renteninformationen (oder Rentenauskünften) ablesen:

Ihre Renteninformation

Sehr geehrte Frau

in dieser Renteninformation haben wir die für Sie vom 01.08.1973 bis zum 31.12.2011 gespeicherten Daten (einschließlich Versorgungsausgleich) und das geltende Rentenrecht berücksichtigt. Ihre **Regelaltersrente** würde nach Erreichen der Regelaltersgrenze (03.11.2024) am **01.12.2024** beginnen. Änderungen in Ihren persönlichen Verhältnissen und gesetzliche Änderungen können sich auf Ihre zu erwartende Rente auswirken. Bitte beachten Sie, dass von der Rente auch Kranken- und Pflegeversicherungsbeiträge sowie gegebenenfalls Steuern zu zahlen sind. Auf der Rückseite finden Sie zudem wichtige Erläuterungen und zusätzliche Informationen.

Rente wegen voller Erwerbsminderung
Wären Sie heute wegen gesundheitlicher Einschränkungen voll
erwerbsgemindert, bekämen Sie von uns eine monatliche Rente von: 1.150,01 EUR

Höhe Ihrer künftigen Regelaltersrente
Ihre bislang erreichte Rentenanwartschaft entspräche nach heutigem Stand
einer monatlichen Rente von: 1.071,11 EUR
Sollten bis zur Regelaltersgrenze Beiträge wie im Durchschnitt der letzten fünf
Kalenderjahre gezahlt werden, bekämen Sie ohne Berücksichtigung von
Rentenanpassungen von uns eine monatliche Rente von: 1.737,62 EUR

Rentenanpassung
Aufgrund zukünftiger Rentenanpassungen kann die errechnete Rente in Höhe von 1.737,62 EUR tatsächlich höher ausfallen. Allerdings können auch wir die Entwicklung nicht vorhersehen. Deshalb haben wir - ohne Berücksichtigung des Kaufkraftverlustes - zwei mögliche Varianten für Sie gerechnet. Beträgt der jährliche Anpassungssatz 1 Prozent, so ergäbe sich eine monatliche Rente von etwa 1.950 EUR. Bei einem jährlichen Anpassungssatz von 2 Prozent ergäbe sich eine monatliche Rente von etwa 2.200 EUR.

Zusätzlicher Vorsorgebedarf
Da die Renten im Vergleich zu den Löhnen künftig geringer steigen werden und sich somit die spätere Lücke zwischen Rente und Erwerbseinkommen vergrößert, wird eine zusätzliche Absicherung für das Alter wichtiger ("Versorgungslücke"). Bei der ergänzenden Altersvorsorge sollten Sie - wie bei Ihrer zu erwartenden Rente - den Kaufkraftverlust beachten.

Mit freundlichen Grüßen
Ihre Deutsche Rentenversicherung Bund

Bitte nehmen Sie diesen Beleg zu Ihren Rentenunterlagen.

Höhe der Rente. Renteninformation der Deutschen Rentenversicherung aus 2012. (Mit freundlicher Genehmigung des Empfängers)

Die erste Zahl zeigt Ihnen, wie hoch die volle Erwerbsminderung sein kann. Es ist auf jeden Fall zu beachten, dass hier nur der Betrag für eine volle Erwerbsminderung gezeigt wird. Sollten Sie nur eine teilweise

5 Höhe der Erwerbsminderungsrente

Erwerbsminderungsrente erhalten, werden nur 50 % vom genannten Betrag gezahlt.

Zu beachten ist ebenfalls, dass die berücksichtigten Zeiten häufig nur bis zum 31.12. des Vorjahres eingeflossen sind. Der Endbetrag wird sich also, je Zeitpunkt Beginn der Erwerbsminderungsrente, noch (etwas) verändern.

Die Rente berechnet sich aus den bisher eingezahlten Beiträgen. Nachsehen, was bisher in Ihr Rentenkonto eingeflossen ist, können Sie in der Rentenauskunft:

```
Pflichtbeitragszeiten
01.08.73 - 31.12.73      761,00 DM  :  18.295 DM    =  0,0416 Punkte
01.01.74 - 31.12.74    1.870,00 DM  :  20.381 DM    =  0,0918 Punkte
01.01.75 - 31.10.75    1.970,83 DM  :  21.808 DM    =  0,0904 Punkte
01.11.75 - 31.12.75      394,17 DM  :  21.808 DM    =  0,0181 Punkte
01.01.76 - 31.07.76    1.610,00 DM  :  23.335 DM    =  0,0690 Punkte
02.10.76 - 31.12.76    2.077,00 DM  :  23.335 DM    =  0,0890 Punkte
```

Pflichtbeitragszeiten. Rentenauskunft der Deutschen Rentenversicherung aus 2012. (Mit freundlicher Genehmigung des Empfängers)

Die ersten Zahlen sind jeweils der Zeitraum, in denen Beiträge geflossen sind. Die zweite Zahl ist der Entgeltbetrag, den Sie in diesem Zeitraum in einem Job verdient haben oder der Ihnen gutgeschrieben worden ist. Die dritte Zahl ist der Durchschnittsverdienst „Aller". Beide Zahlen, also Ihr Verdienst und der Durchschnittsverdienst aller Verdiener werden ins Verhältnis gesetzt. Das Ergebnis ist ein Entgeltpunkt bzw. der Bruchteil eines Entgeltpunktes.

Schließlich werden alle Entgeltpunkte addiert (incl. Entgeltpunkte, die Ihnen gutgeschrieben worden sind). Ebenfalls der Rentenauskunft zu entnehmen:

```
                        Summe der Entgeltpunkte
An Entgeltpunkten sind zu berücksichtigen:

Entgeltpunkte für Beitragszeiten                      38,4016 Punkte

Entgeltpunkte für beitragsfreie Zeiten            +    0,2312 Punkte

zusätzliche Entgeltpunkte
für beitragsgeminderte Zeiten                     +    0,0316 Punkte

insgesamt                                         =   38,6644 Punkte
```

Summe der Entgeltpunkte. Rentenauskunft der Deutschen Rentenversicherung aus 2012. (Mit freundlicher Genehmigung des Empfängers)

Schließlich werden noch zusätzliche Punkte ermittelt. Hintergrund ist, dass Sie eine Erwerbsminderungsrente auch weit vor einer Regelaltersrente erhalten können. Der Betrag wäre, wenn nur die bisher angesammelten Punkte als Grundlage der Berechnung dienen würden, in den meisten Fällen zu gering. Deshalb verlängert eine Zurechnungszeit fiktiv das Alter und rechnet die Rente „hoch". Die Zurechnungszeit verlängert die Einzahlung der Beiträge so, als hätten Sie (gültig seit dem 01.07.2014) bis zum 62. Lebensjahr gearbeitet. Hierfür wird ein Durchschnitt der Beitragszahlungen gebildet. Wie hoch der monatliche Beitrag für die Zurechnungszeit ausfällt, errechnet sich aus dem Durchschnitt der bisherigen Beitragszahlungen.

Es ist geplant, die Zurechnungszeit (Hochrechnung bis zum 62. Lebensjahr) in den Jahren 2018 bis 2024 stückchenweise noch weiter anzuheben, sodass im Jahre 2024 schließlich die Zurechnungszeit bis zum 65. Lebensjahr erfolgen wird.

Beispiel Zurechnungszeit:

```
DEÜV  01.01.14-31.12.14  33.108,00 EUR  12 Mon. Pflichtbeitragszeit
DEÜV  01.01.15-31.12.15  23.422,00 EUR  12 Mon. Pflichtbeitragszeit
      12.12.15-31.12.15                         Zurechnungszeit
      01.01.16-29.01.23                 85 Mon. Zurechnungszeit
```

Zurechnungszeit. Rentenauskunft der Deutschen Rentenversicherung aus 2012. (Mit freundlicher Genehmigung des Empfängers)

Bisher wurde das fiktive Gehalt für die Zurechnungszeit auf Basis des Durchschnittsverdienstes des bisherigen Erwerbslebens bis zum Eintritt der Erwerbsminderung ermittelt. Seit dem 01.07.2014 wird nun geprüft, ob in den letzten vier Jahren vor Eintritt der Erwerbsminderung, möglicherweise Einkommenseinbußen aufgrund der Verschlechterung des Gesundheitszustandes vorliegen. Mindern die letzten vier Jahre vor Eintritt der Erwerbsminderung die Ansprüche, werden diese vier Jahre nicht mehr berücksichtigt.

Für jeden Monat den die Erwerbsminderungsrente vor der normalen Regelaltersrente beginnt, wird ein Abschlag von 0,3 %, maximal jedoch 10,8 %, abgezogen. Diese Kürzung ist dauerhaft, sie bleibt auch beim Eintritt in die „normale" Altersrente bestehen.

Beginn Regelaltersrente:

Geburtsjahrgang	Regelaltersrente
1950	65 Jahre + 4 Monate
1951	65 Jahre + 5 Monate
Januar 1952	65 Jahre + 6 Monate
Februar 1952	65 Jahre + 6 Monate

Geburtsjahrgang	Regelaltersrente
März 1952	65 Jahre + 6 Monate
April 1952	65 Jahre + 6 Monate
Mai 1952	65 Jahre + 6 Monate
Juni bis Dez. 1952	65 Jahre + 6 Monate
1953	65 Jahre + 7 Monate
1954	65 Jahre + 8 Monate
1955	65 Jahre + 9 Monate
1956	65 Jahre + 10 Monate
1957	65 Jahre + 11 Monate
1958	66 Jahre
1959	66 Jahre + 2 Monate
1960	66 Jahre + 4 Monate
1961	66 Jahre + 6 Monate
1962	66 Jahre + 8 Monate
1963	66 Jahre + 10 Monate
Ab 1964	67 Jahre

Dauerhafte Kürzung bei vorzeitiger Inanspruchnahme:

1 Monat	0,3 %
2 Monate	0,6 %
3 Monate	0,9 %
4 Monate Hinweise Verlag/Setzerei: inline figure	1,2 %
..	..
33 Monate	9,9 %
34 Monate	10,2 %
35 Monate	10,5 %
36 Monate und mehr	10,8 %

Die berechneten Entgeltpunkte werden mit dem jeweils gültigen aktuellen Rentenwert multipliziert. Der Rentenwert ändert sich zum 01.07. jeden Jahres. Der aktuelle Rentenwert beträgt zurzeit € 30,45 pro Entgeltpunkt für die Zeit vom 01.07.2016 bis zum 30.06.2017 (West) und € 28,66 für Ost.

Weitere Einzelheiten zu Berechnungen, Fehlerfinden in den Bescheiden oder Rentenauskünften können Sie meinem Buch „Rentenbescheide" (ISBN 978-3-00-046777-6) entnehmen [1].

5.2 Zwei Arten von Erwerbsminderungsrente = zwei verschiedene Beträge

Die Rentenhöhe hängt auch davon ab, ob eine volle oder eine teilweise Erwerbsminderungsrente gezahlt wird. Die Höhe der vollen Rente kann dem Grund nach aus der Renteninformation abgelesen werden. Wird nur eine teilweise Rente gezahlt, wird auch nur eine Teil-Höhe (die Hälfte der vollen Rente) festgelegt. Hintergrund ist, dass Sie nur „teilweise" erwerbsgemindert sind, also noch zwischen 3 und 6 h pro Tag einer Tätigkeit nachkommen könnten.

Auch bei der Berufsunfähigkeitsrente wird nur eine halbe Erwerbsminderungsrente gezahlt.

5.3 Netto-Rentenberechnung

Die Angaben auf Ihren Rentenauskünften sind stets Bruttobeträge. Auf Rentenleistungen sind allerdings noch Kranken- und Pflegeversicherungsbeiträge zu zahlen. Zum Beitrag erhalten Sie einen Zuschuss von der Rentenversicherung (ähnlich wie in einem Angestelltenverhältnis), sodass rund 13 % Beitragslast (abhängig von der Krankenkasse, vorhandenen Kinder etc.) von Ihnen zu zahlen sind.

Bei Pflichtversicherten Rentnern in der gesetzlichen Krankenversicherung wird der Krankenversicherungs- und Pflegeversicherungsbeitrag direkt vom Rentenbetrag einbehalten und an Ihre Krankenkasse überwiesen. Zu beachten ist, dass vor der ersten Zahlung von der Krankenversicherung geprüft wird, ob Sie zum Kreis der Pflichtversicherten zählen. Sie zählen dann zu den Pflichtversicherten in der gesetzlichen Krankenversicherung, wenn Sie in der zweiten Hälfte Ihres Berufslebens über 90 % bei einer gesetzlichen Krankenversicherung versichert waren. Dabei spielt es keine Rolle, ob Sie dort in der Pflichtversicherung waren, als freiwillig Versicherter oder in einer Familienversicherung.

Sind Sie in einer privaten Krankenversicherung erhalten Sie einen Zuschuss zu den Krankenversicherungskosten. Den Beitrag zur privaten Krankenversicherung müssen Sie in der Regel selbst überweisen.

Je nach Höhe der Rente und noch weiteren Einkünften von Ihnen selbst oder vom Ehepartner, können auch ggf. noch Steuern zu zahlen sein.

5.4 Hinzuverdienst beim Rentenbezug

Auch wenn Sie eine Erwerbsminderungsrente beziehen, können Sie Geld hinzuverdienen. Dabei spielt es keine Rolle, ob Sie in einer Angestelltentätigkeit, als Selbstständiger oder aus vergleichbarem Einkommen zusätzliches Geld erwirtschaften.

Das zusätzlich erwirtschaftete Entgelt ist allerdings an Höchstgrenzen gebunden, denn der Erwerbsminderungsrentner soll gemäß den einschlägigen Gesetzen und Richtlinien nicht besser gestellt werden als vor dem Rentenbezug.

Als Arbeitsentgelte zählen u. a.

- alle laufenden oder einmaligen Einnahmen aus abhängiger Beschäftigung, die lohnsteuerpflichtig sind.
- Wertguthaben (Brutto-Wertguthaben) nach dem Flexi-Gesetz zur Arbeitszeit, wenn das Beschäftigungsverhältnis nach dem Rentenbeginn noch bestanden hat.
- Zahlungen aus rückständigem Arbeitsentgelt anlässlich einer einvernehmlichen Beendigung oder aufgrund einer gerichtlichen Auflösung des Arbeitsverhältnisses.

Als Hinzuverdienst zählt der Brutto-Verdienst ohne Berücksichtigung von Ausgaben/Werbungskosten (z. B. Fahrtkosten zum Unternehmen).

Kein Arbeitsentgelt
ist hingegen das Entgelt für eine Pflegeperson, das von einem Pflegebedürftigen für die nichterwerbsmäßige Pflege bezahlt wird. Ferner zählen Abfindungen, Urlaubsabgeltungen, Werkpensionen usw. nicht zum Arbeitsentgelt, da sie vor dem Eintritt der Erwerbsminderung erarbeitet wurden.

Entgelte aus selbstständiger Tätigkeit sind, die nach den allgemeinen Gewinnermittlungsvorschriften des Einkommensteuerrechts als Gewinn ausgewiesen werden. Als Einkunftsarten zählen Land- und Fortwirtschaft, Gewerbetrieb und selbstständiger Arbeit. Eine selbstständige Tätigkeit bezieht sich auch auf das Betreiben einer Solar- bzw. Fotovoltaikanlage.

Keine Entgelte
aus selbstständiger Tätigkeit sind Einkünfte, die nach Beendigung noch fließen (Außenstände), Einkünfte aus Vermögen (Zinsen) sowie Einkünfte aus Vermietung und Verpachtung (so weit nicht als Gewerbe).

Die Entgelte aus der Selbstständigkeit sind durch Belege nachzuweisen (Steuerberater, Steuerbescheid). Bei einer erstmaligen Bewilligung einer Erwerbsminderungsrente wird 1/12 des vom Steuerberater geschätzten Jahreseinkommens pro Monat angenommen.

Vergleichbares Einkommen sind Entgelte aus beamtenrechtlichen Bezügen, sonstige Bezüge aus öffentlichrechtlichen Amtsverhältnissen, Entschädigungen und Vorruhestandsgeld. Ferner Sozialleistungen (Krankengeld, Übergangsgeld etc.). Als Hinzuverdienst ist nicht der Zahlbetrag zur berücksichtigen, sondern das entsprechende Arbeitsentgelt, dass als Bemessungsgrundlage diente.

Hinzuverdienstgrenzen

Hinzuverdienstgrenze bedeutet, dass ein Verdienst bis zur angegebenen Grenze keine Auswirkungen auf die Rentenhöhe nehmen wird. Wird diese Grenze überschritten, verliert man einen Teil der Rentenzahlung. Der gekürzte Teil orientiert sich nicht an dem Betrag der zu viel verdient wurde, sondern die Rente wird jeweils auf einen errechneten Betrag gekürzt.

Die Hinzuverdienstmöglichkeiten und das Errechnen der Abzugsbeträge haben sich zum 01.01.2017 grundlegend geändert.

Grundsatz

Denken Sie bei der Überlegung, wenn Sie einen Job (oder Ähnliches) annehmen wollen, immer daran, dass Sie eine Erwerbsminderungsrente erhalten. Das bedeutet, dass Sie aufgrund einer Krankheit bzw. eines Unfalls nur noch *eingeschränkt* arbeiten können. Arbeiten Sie aber trotz Erwerbsminderungsrente mehr als die Stunden, die bei Ihnen möglich sind (schauen Sie nach, wie viele Stunden Sie laut ärztlichem Gutachten noch arbeiten können), so wird die Deutsche Rentenversicherung (nochmals) prüfen, ob Sie wirklich erwerbsgemindert sind. Arbeiten Sie mehr, so könnte es sein, dass Sie die Erwerbsminderungsrente „verlieren".

Ein Hinzuverdienst *muss* der Rentenversicherung mitgeteilt werden. Sie haben eine Mitwirkungspflicht. Stellt sich im Nachhinein heraus, dass Sie die Hinzuverdienstgrenzen überschritten haben, kann die Rentenversicherung die überzahlte Rente zurück fordern und zwar bis zu 10 Jahre rückwirkend.

Hinzuverdienstgrenzen ab 01.07.2017
Der grundsätzliche Freibetrag in Höhe von 450 € im Monat wird beibehalten, daneben auch die bis 2016 geltende Überschreitungsmöglichkeit von 2 x im Jahr (insgesamt 900 €). Insgesamt bedeutet dies, dass man 6300 € im Jahr hinzuverdienen kann, ohne dass eine Berechnung oder gar eine Anrechnung auf die (vorgezogene) Rente erfolgt.

Es gilt also ab 2017 eine Jahresbetrachtung, die monatliche starre Grenze von 450 €/Monat fällt weg. Wird die Jahres-Höchstgrenze von 6300 € überschritten, muss gerechnet werden. Alle Verdienste, die über dem Jahresbetrag von 6300 € liegen, werden mit 40 % auf die Rente angerechnet. Die 40-%-Regelung gilt bis zur individuellen Höchstgrenze. Die individuelle Höchstgrenze ist das vorherige Bruttogehalt (Bruttogehalt eines Kalenderjahr mit dem höchsten Einkommen zählt – max. wird bis zu 15 Jahren rückwärts geschaut). Wird mit dem Hinzuverdienst die individuelle Höchstgrenze überschritten, so entfällt die Rentenzahlung.

Diese Höchstgrenzen gelten für die Erwerbsminderungsrenten und für alle vorgezogenen Altersrenten.

> **Beispiel**
>
> Sie verdienen neben Ihrer vorgezogenen Rente im Kalenderjahr 18.000 € dazu. Von den 18.000 € wird die allgemeine Jahreshöchstgrenze von 6300 € abgezogen, es verbleiben als Berechnungsgrundlage 11.700 €. Von den verbleibenden 11.700 € werden 40 % von der Rentenzahlung abzogen. 40 % von 11.700 € sind 4680 €. Erhalten Sie eine Rente von zum Beispiel 1200 € im Monat, so werden monatlich 390 € abgezogen (4680 €: 12 Monate = 390 €).

5 Höhe der Erwerbsminderungsrente

Praxis
Als Rentner mit Hinzuverdienst müssen Sie, falls eine Überschreitung der 6300 € vorgesehen ist, der Deutschen Rentenversicherung eine Prognose des wahrscheinlich zu erwartenden Hinzuverdienstes melden. Hierauf wird die Deutsche Rentenversicherung einen Bescheid erlassen mit dem Inhalt der Berechnung und der Anrechnung auf die Rente. Nach Ablauf des Kalenderjahres wird es in vielen Fällen nötig sein, Korrekturen der Deutschen Rentenversicherung über den tatsächlichen Hinzuverdienst zu melden. Im Ergebnis würde ein neuer Bescheid der Rentenversicherung eintreffen mit einer Verrechnung bzw. Abrechnung/Korrektur und möglicherweise mit einer Forderung oder Nachzahlung von Rentenbeiträgen.

Ihre Rente erhöht sich beim Hinzuverdienen
Arbeitnehmer können nunmehr auf die Rentenversicherungsfreiheit beim Hinzuverdienst verzichten. Der Arbeitgeber zahlt, wie bisher auch, die Hälfte dazu. Die Berechnung der Rentenerhöhung erfolgt wie bisher: Wenn Sie ein Durchschnittsentgelt (insgesamt 36.267 € für das Jahr 2016) beziehen, so erhalten Sie einen Entgeltpunkt. Der Wert eines Entgeltpunktes ist seit Juli 2016 in den alten Bundesländern 30.45 € und 28.66 € (neue Bundesländer). Wenn Sie weniger verdienen, verringert sich die Rentenerhöhung entsprechend.

Literatur

1. Schewe P (2014) Rentenbescheide. Institut für Betriebswirtschaft und Rentenberatung, Bad Nauheim

6

Erwerbsminderungsrente bei (bestehendem) Arbeitsverhältnis, Krankengeld oder Arbeitslosengeld

Alle Zahlungen bzw. Leistungen aus privaten oder aus gesetzlichen Versicherungen, Krankenkassen oder sonstigen Ämtern oder Einrichtungen, sind an bestimmte Voraussetzungen gebunden. Erfüllen Sie diese Voraussetzungen nicht, so erhalten Sie – auch bei wirklich dringendem Bedarf – keine Leistungen.

6.1 Bestehendes Arbeitsverhältnis

Gesetzlich ist geregelt, dass das Arbeitsverhältnis während einer Krankphase fortbesteht. Für diese Zeit ist deshalb grundsätzlich (nach dem Lohnfortzahlungsgesetz) vom Arbeitgeber an den Arbeitnehmer sechs Wochen lang der Lohn fortzuzahlen, wenn einige Voraussetzungen erfüllt werden. Eine kürzere Zeit als sechs Wochen ist nicht zulässig.

Tarifverträge oder Ihr Arbeitsvertrag können eine längere Zeit als die gesetzlich vorgeschriebenen sechs Wochen Lohnfortzahlung im Krankheitsfall beinhalten. Auch ist in manchen Verträgen geregelt, dass Sonderzahlungen auch weiterhin vergütet werden (Zuschuss zu Kindergartengebühren, Telefonkosten etc.).

Der Anspruch auf Entgeltfortzahlung durch den Arbeitgeber besteht somit gesetzlich für maximal sechs Wochen (1. bis 42. Tag). Besonderheiten bestehen beim Beginn der Erkrankung sowie beim Hinzutreten von Erkrankungen, sodass sich die 6-Wochen-Frist ggf. aufgrund dieser Besonderheiten verringern könnte.

Höhe der Zahlung: 100 % des normalen Bruttoentgeltes. Es sind Steuern und Sozialversicherungsbeiträge zu zahlen.

Wird eine volle Erwerbsminderungsrente auf Dauer gewährt, endet das Arbeitsverhältnis in der Regel mit Ablauf des Monats, in dem die Rentenzahlung beginnt. Einzelheiten werden häufig in Tarifverträgen geregelt. Es empfiehlt sich, die einzelnen Vereinbarungen (Tarifverträge, Betriebsvereinbarungen, Arbeitsvertrag) dahin gehend zu prüfen.

Bei der Gewährung einer teilweisen Erwerbsminderungsrente, sollte das Arbeitsverhältnis in der Regel nicht aufgelöst werden. Ggf. sollte geklärt werden, ob das Arbeitsverhältnis entsprechend auf Teilzeit (gemäß Restleistungsvermögen) umgestellt werden kann oder ob es ruhend gestellt wird.

Eventuell vorhandene Wertguthaben auf einem Arbeitszeitkonto können während der Zeit einer teilweisen bzw. befristeten Rente verbleiben. Wird eine Dauerrente gewährt, so stellt das beim Arbeitgeber einen „Störfall" dar. Das Guthaben muss dem Arbeitnehmer ausgezahlt werden, da das Arbeitsverhältnis mit dem Eintritt in einer dauerhaften Rente beendet wurde.

Möglicherweise besteht auch noch ein Anspruch auf Resturlaub. Da dieser nur unter bestimmten Umständen entfällt. Einzelheiten hierzu sollten beim Arbeitgeber und/oder bei einem Fachanwalt für Arbeitsrecht geklärt werden.

Sollte die Erwerbsminderungsrente bereits in der Phase beginnen, in der Sie noch Entgeltfortzahlung erhalten – es wurde somit eine rückwirkende Erwerbsminderungsrente beschieden – so verlangt der Arbeitgeber häufig aufgrund verschiedener vertraglicher Regelungen überzahltes Entgelt vom Rentenversicherungsträger zurück. Das führt dazu, dass die Rente erst ausgezahlt wird, wenn die Forderungen des Arbeitgebers geklärt bzw. verrechnet worden sind.

6.2 Krankengeldzahlungen

Krankengeld wird durch eine gesetzliche Krankenversicherung dem Grund nach dann gezahlt, wenn ein Versicherter seine Arbeitsleistung nicht mehr erbringen kann. Diese Leistungsansprüche sind u. a. im Sozialgesetzbuch V in den Paragrafen 24 und 44 ff. zu finden.

In manchen Tarifverträgen oder Arbeitsverträgen ist geregelt, dass der Arbeitnehmer einen Zuschuss zum Krankengeld erhält, um ggf. vorliegende Verluste bei einer langen Krankheit auszugleichen.

Krankengeld schließt sich nahtlos an die Lohnfortzahlung des Arbeitgebers an. (Zu beachten ist, dass insgesamt 78 Wochen Geld bezahlt wird, also vom Arbeitgeber *und* der gesetzlichen Krankenkasse zusammen gezählt.) Besonderheiten bestehen bei verschiedenen Erkrankungen oder häufigen (kürzeren) Erkrankungen. Hier sind sog. Blockfristen zu beachten.

Höhe der Zahlung: 70 % des beitragspflichtigen Bruttoentgeltes, höchstens jedoch 90 % des Nettoeinkommens.

Wenn Sie eine teilweise Erwerbsminderungsrente erhalten und weiterhin Arbeitsunfähigkeit vorliegt, erhalten Sie weiterhin Krankengeld bis der Anspruch ausgelaufen ist.

Bei einer privaten Krankenversicherung wird ein (privatrechtlicher) Vertrag geschlossen. Der Vertrag enthält individuelle Vereinbarungen und ist normalerweise nach einem Baukastensystem aufgebaut. So ist es möglich, verschiedene Leistungen zu buchen, die je nach Zubuchung Kosten verursachen.

Die Zahlung von Krankengeld durch die private Krankenversicherung wird als Krankentagegeld bezeichnet. Je nach Vertrag können verschiedene Möglichkeiten (Höhe, Dauer der Zahlung etc.) vereinbart werden. Es muss daher der individuelle Vertrag geprüft werden, um die Einzelheiten zur Zahlung von Krankentagegeld erkennen zu können. Wichtig in diesem Zusammenhang ist insbesondere, dass durch die Zahlung von Krankentagegeld nicht automatisch Pflichtbeiträge zur Rentenkasse fließen (im Gegensatz zur gesetzlichen Krankenversicherung). Das hat den Nachteil, dass ggf. eigene Pflichtbeiträge gezahlt werden müssen, um die besonderen versicherungsrechtlichen Voraussetzungen für die Erwerbsminderungsrente erfüllen zu können.

6.3 Arbeitslosengeld

Die gesetzliche Arbeitslosenversicherung zahlt während einer Arbeitslosigkeit oder einer beruflichen Rehabilitation sogenannte Lohnersatzleistungen (Sozialgesetzbuch III).

Auch wenn der Anspruch auf Krankengeld ausgeschöpft ist, kann bei Arbeitsunfähigkeit Arbeitslosengeld („Nahtlosigkeits-Arbeitslosengeld") beantragt werden. Diese Zahlung ist eine Sonderform des Arbeitslosengeldes und soll die Zeit überbrücken, bis andere Leistungen (zum Beispiel eine Erwerbsminderungsrente) gezahlt werden. Der Anspruch besteht auch bei einem bestehenden Arbeitsverhältnis.

Die Dauer des Arbeitslosengeldanspruches richtet sich nach den individuellen Gegebenheiten. Höhe der Zahlung: Ca. 60 bis 67 % des letzten (pauschal errechneten) Nettoeinkommens, abhängig von Kindern und Steuerklasse.

Müssen Sie ggf. nach dem Bezug einer Erwerbsminderungsrente wieder Arbeitslosengeld beantragen, wird Ihnen ein neues Urteil vom BSG helfen (BSG, 23.02.2017, B 11 AL 3/16). Normalerweise können Sie ggf. nur noch den „Restanspruch" auf Arbeitslosengeld geltend machen. Das BSG hat jedoch entschieden, dass auch der Bezug einer vollen Erwerbsminderungsrente bei der Erfüllung von Anwartschaftszeiten berücksichtigt werden muss.

7 Praxisteil

Das Rentenverfahren für eine Erwerbsminderungsrente ist sehr langwierig und oft mit schwierigen Fragen verbunden. Es ist daher nötig, sich schon vor der Antragsstellung einen roten Faden bzw. möglichen Ablaufplan zu erstellen, um nicht plötzlich mit Fragen oder Aufgaben konfrontiert zu sein, die nicht lösbar sind.

7.1 Möglicher Ablauf

Ein typisches Rentenverfahren wegen Erwerbsminderung könnte wie folgt aussehen:

- Sie beantragen eine Rente wegen Erwerbsminderung.
- Sie erhalten eine Eingangsbestätigung und evtl. ca. 6 Wochen eine erste Einladung zu einem medizinischen Gespräch.
- Nach weiteren 3 Wochen erhalten Sie einen Termin beim medizinischen Dienst der Rentenversicherung. Manchmal liegen dem Gutachter die aktuellen Arztbefunde nicht vor, obwohl sie die behandelnden Ärzte im Antrag angegeben haben.
- Nach weiteren 6 Wochen erhalten Sie einen Rentenbescheid. Im Normalfall: die Ablehnung.
- Sie erheben Widerspruch und begründen diesen.
- Nach weiteren 12 Wochen erhalten Sie einen Widerspruchsbescheid: der Anspruch wurde zurückgewiesen. Falls noch weitere Gutachten nötig sind, verlängert sich das Verfahren entsprechend.
- Sie erheben Klage gegen den Widerspruchsbescheid. Rechnen Sie mit einer Dauer von mindestens 12 Monaten für das Klageverfahren.
- Das Gericht wird aufgrund Ihrer Klagebegründung eventuell weitere Gutachten einholen. Wenn das Gericht keine weiteren Gutachten von Amts wegen einholt, haben Sie die Möglichkeit (falls nötig) selbst Gutachten in Auftrag zu geben. Kosten, die Sie (zunächst) selbst tragen müssen: pro Gutachten zwischen 1000 € und 3000 €. Ergebnisse können sein:
  - Das Gutachten bescheinigt eine verminderte Erwerbsfähigkeit. Die Rentenversicherung erkennt die verminderte Erwerbsfähigkeit an und Sie erhalten eine Erwerbsminderungsrente.

- Das Gutachten bescheinigt eine verminderte Erwerbsfähigkeit. Die Rentenversicherung erkennt das Gutachten *nicht* an. Es wird weiter verhandelt.
- Das Gutachten bescheinigt *keine* verminderte Erwerbsfähigkeit. Das Urteil ist: Sie erhalten keine Erwerbsminderungsrente.

Das gesamte laufende Verfahren können Sie kaum beeinflussen. Es ist daher sinnvoll, sich vorher intensiv mit den einzelnen Abläufen zu beschäftigen und sich zu erkundigen, was für einen zügigen und (hoffentlich) positiven Ablauf nötig ist. Zumal im Laufe des Verfahrens Ihr Krankengeld oder Arbeitslosengeld auslaufen kann mit dem Ergebnis: kein Geld (vielleicht Hartz IV).

7.2 Strukturierter Ablauf/Checkliste

In nur sehr wenigen Fällen geht alles reibungslos und Sie erhalten auf einen Antrag auch gleich eine (volle) Erwerbsminderung. Es wäre daher anzuraten, sich schon vor einer Antragsstellung zu überlegen, wie die finanzielle Situation in den nächsten Monaten aussehen (könnte) – auch vor dem Hintergrund, dass eine teilweise Erwerbsminderungsrente mit einer Zeitverzögerung von sieben Monaten gezahlt wird (Falls der neue Paragraph zur „Anschlussrente" nicht greift).

Die nachfolgende Checkliste kann Ihnen helfen, den Überblick nicht zu verlieren. Die einzelnen Punkte werden anschließend detailliert beschrieben.

- Finanzielle Sicherheit klären
- Beantragung der Rente vorbereiten

7.2.1 Finanzielle Sicherheit klären

7.2.1.1 Restanspruch Krankengeld prüfen

Nach der Lohnfortzahlung von (in der Regel) sechs Wochen erhalten Sie Krankengeld. Das Krankengeld läuft während des Rentenverfahrens weiter.

Klären Sie, wie lange Ihr Anspruch auf Krankengeld noch besteht. Sollten Sie vor Ablauf Ihrer anderen Ansprüche die Erwerbsminderungsrente erhalten, so werden die Gelder von Amts wegen miteinander verrechnet. Sie selbst müssen nichts zurückzahlen bzw. bei einer Verrechnung in Vorleistung treten.

> **Wichtig**
> Telefonieren Sie mit Ihrer Krankenkasse und bitten um eine Aufstellung, wann die Krankengeldzahlung endet.

Beispiel Krankengeldzahlung

> seit dem 18.07.2013 sind Sie arbeitsunfähig. Uns ist bewusst, dass damit nicht nur krankheitsbedingte Belastungen sondern auch finanzielle Sorgen verbunden sind. Daher fällt es uns nicht leicht, Ihnen unsere Nachricht zu übermitteln.
>
> Auf Grund Ihrer Arbeitsunfähigkeit haben Sie wegen derselben Krankheit für längstens 78 Wochen innerhalb von drei Jahren Anspruch auf Krankengeld *). Auch eine zwischenzeitlich aufgetretene weitere Krankheit kann die Leistungsdauer leider nicht verlängern.
>
> Zeiten, in denen der Anspruch auf Krankengeld ruht - zum Beispiel wegen Zahlungen durch Ihren Arbeitgeber, der Agentur für Arbeit oder durch den Rentenversicherungsträger - werden auf die Höchstanspruchsdauer angerechnet. **)
>
> Wurde die Arbeitsunfähigkeit von verschiedenen Erkrankungen verursacht, für die bereits früher ein Krankengeldanspruch bestanden hat, sind diese früheren Zeiten bei der Berechnung der Höchstanspruchsdauer zu berücksichtigen.
>
> Für Sie ergibt sich folgende Regelung:
>
> Der Dreijahreszeitraum Ihres Krankengeldanspruchs: 12.07.2011 bis 11.07.2014.
>
> Nachfolgende Zeiten werden auf den Krankengeld-Höchstanspruch angerechnet:
> vom 12.07.2011 bis 27.07.2011
> vom 29.07.2011 bis 09.02.2012
>
> Der Höchstanspruch läuft demnach am 18.06.2014 ab. Ihr Krankengeld wird letztmalig für diesen Tag gezahlt.
>
> Unter bestimmten Voraussetzungen haben Sie auch wenn Arbeitsunfähigkeit besteht im Anschluss an die Krankengeldzahlung einen Anspruch auf Arbeitslosengeld. Selbst ein eventuell weiterbestehendes Arbeitsverhältnis schließt den Anspruch auf dieses Arbeitslosengeld nicht aus.
>
> **Wichtig:** Bitte lesen Sie dazu die beigefügte Information zur Meldepflicht bei der Agentur für Arbeit.

Krankengeldauskunft einer gesetzlichen Krankenversicherung aus 2014. (Mit freundlicher Genehmigung des Empfängers)

Wie Sie darauf ersehen, wurden in diesem Beispiel mehrere Zeiten aus den Vorjahren (2011 und 2012) zum Höchstkrankengeldanspruch hinzuaddiert. Das hat den Effekt, dass Sie keine 78 Wochen mehr für Lohnfortzahlung und Krankengeldbezug zur Verfügung haben.

Hintergrund sind die sog. Blockfristen – Erläuterung

Krankengeld wegen derselben Krankheit wird innerhalb eines Zeitraums von drei Jahren (sog. Blockfrist) für maximal 78 Wochen gezahlt. Die Arbeitsunfähigkeit muss dabei nicht durchgängig bis zu 78 Wochen vorliegen.

Auf die 78 Wochen werden einige Zeiten (z. B. Zeiten des Ruhens) angerechnet. Für die Beurteilung „dieselbe Krankheit" genügt es, wenn eine nicht behobene Krankheitsursache vorliegt, also ein medizinisch nicht ausgeheiltes Grundleiden weiter besteht. Das ist der Fall, solange die Krankheit nicht ausgeheilt ist und immer wieder zur Behandlungsbedürftigkeit oder zur Arbeitsunfähigkeit führt.

Tritt während der Arbeitsunfähigkeit eine weitere Krankheit hinzu, wird die Zahlung von Krankgeld für maximal 78 Wochen nicht verlängert. Beide Erkrankungen bilden dann eine Einheit, sodass kein weiterer Anspruch auf Krankengeld besteht. Tritt eine weitere Krankheit (frühestens) am Tage nach Beendigung der ersten Erkrankung auf, entsteht ein neuer Anspruch auf Krankengeld.

Nach Ablauf der Blockfrist von drei Jahren, entsteht ein neuer Anspruch auf Krankengeld wegen derselben Krankheit, wenn

1. zwischenzeitlich sechs Monate ohne Arbeitsunfähigkeit wegen der derselben Krankheit vergangen sind und
2. in den sechs Monaten wieder ein Anspruch auf Krankengeld erworben wurde (also in der Regel als Arbeitnehmer, Bezieher von Übergangsgeld oder wenn Sie der Arbeitsvermittlung zur Verfügung standen). Der Arbeitsvermittlung zur Verfügung stehen ist auch mit einem verminderten Restleistungsvermögen möglich (BSG, Urteil vom 28.09.1993 – 1 RK 46/92, BSGE 73, 121):

Ein Versicherter, der wegen derselben Krankheit für seine bisherige Berufstätigkeit dauernd arbeitsunfähig ist und sich – nach Erschöpfung des Krankengeldanspruchs in der vorhergehenden Dreijahresfrist – der Arbeitsvermittlung mit dem Restleistungsvermögen zur Verfügung gestellt hat, erhält in einer neuen Dreijahresfrist Krankengeld nur in Höhe des zuletzt bezogenen Arbeitslosengeldes, wenn er auch bezüglich des Restleistungsvermögens arbeitsunfähig wird und zwischenzeitlich keine andere Erwerbstätigkeit ausgeübt hat.

Einen erneuten Anspruch auf Krankengeld erwirbt man auch durch einen Arbeitslosengeldbezug. Das Bundessozialgericht bestätigte in mehreren Urteilen (vom 02.11.2007 Az. B 1 KR 38/06 R und Az. B 1 KR 12/07 R), dass auch dann Krankengeld von den gesetzlichen Krankenkassen gezahlt werden muss, wenn die Arbeitsunfähigkeit noch während des Bezugs von Arbeitslosengeld eingetreten ist und über das Ende des Arbeitslosengeldanspruches andauert.

Die Dauer des Krankengeldbezuges richtet sich danach, ob zu Beginn der Arbeitsunfähigkeit ein Versicherungsverhältnis bestanden hat, was den Bezug von Krankengeld rechtfertigt. Ferner muss lediglich die gesetzlich vorgegebene Höchstdauer der Krankengeldzahlung eingehalten werden und es muss natürlich ein ärztliches Attest vorliegen.

Leistungen von Krankenkasse und Rentenversicherung
Zwischen den Leistungen der Krankenkasse und der Rentenzahlung kann eine zeitliche Lücke entstehen, auf die man sich einstellen sollte. Diese Variante muss bei der persönlichen Planung unbedingt berücksichtigt werden, vor allem vor dem

Hintergrund, dass eine befristete Rente erst ab dem 7. Monat geleistet (beachten Sie hier die neue Rechtslage) wird und/oder zunächst Erstattungsansprüche geklärt werden müssen.

Sobald die Krankenkasse die Information erhält, dass der positive Bescheid über eine Erwerbsminderungsrente zu erwarten ist, kann sie die Zahlung des Krankengeldes entsprechend einstellen. Rückwirkende Krankengeldansprüche, die bei der Einstellung des Krankengeldes noch nicht ausgezahlt worden sind, entfallen dann. Es kann eine finanzielle Lücke entstehen, da die Rentenzahlungen erst am Monatsende geleistet werden.

> **Wichtig**
> Lassen Sie sich das Krankengeld möglichst wöchentlich auszahlen, sodass eine denkbare finanzielle Lücke so gering wie möglich ausfällt.

Wenn zur gleichen Zeit ein Anspruch auf Krankengeld und Rente besteht, hat die Krankenkasse einen Erstattungsanspruch gegen die Rentenversicherung in Höhe des Krankengeldes. Meist ist das Krankengeld höher als die Rente – behalten Sie deshalb das Krankengeld, denn die Rentenversicherung kann den Differenzbetrag nicht vom Versicherten, also von Ihnen, zurückfordern.

7.2.1.2 Restanspruch Arbeitslosengeld prüfen

Bei einer langen Erkrankung kann, nach Beendigung der Lohnfortzahlung durch den Arbeitgeber und dem

Auslaufen des Krankengeldes (die sog. „Aussteuerung"), Arbeitslosengeld bei der Arbeitsagentur beantragt werden. Auch bei einer bestehenden Beschäftigung steht dieser Weg jedem Versicherten offen.

Wichtig ist in diesem Zusammenhang, dass Sie sich vor dem Ende der Krankengeldzahlungen bei der zuständigen Arbeitsagentur melden. Hierfür ist es nötig, dass Sie sich von Ihrer Krankenkasse eine Bescheinigung ausstellen lassen, wann die Zahlung des Krankengeldes endet.

Erkranken Sie erst, wenn Sie im Arbeitslosengeldbezug sind, haben Sie zunächst Anspruch auf 6 Wochen „Lohnfortzahlung" von der Arbeitsagentur. Sind Sie nach Ablauf dieser Zeit weiterhin arbeitsunfähig krank, gelten Sie bei der Arbeitsagentur als abgemeldet und beziehen zunächst Krankengeld von Ihrer Krankenkasse.

Ist das Krankengeld ausgelaufen, so können Sie Arbeitslosengeld beantragen. Das „Arbeitslosen-Krankengeld" ist eine Sonderform des Arbeitslosengeldes und soll die Zeit überbrücken, bis eine andere Leistung (zum Beispiel eine Erwerbsminderungsrente) gezahlt wird. Hierfür wurde der § 145 SGB III geschaffen: die „Nahtlosigkeitsregelung".

Die Nahtlosigkeitsregelung ist anzuwenden, wenn Sie arbeitsunfähig sind und kein Krankengeldanspruch (mehr) besteht.

Laut § 2 Abs. 3 der AU-Richtlinie des Gemeinsamen Bundesausschusses vom 19.09.2006 wird (in Anlehnung an die BSG-Rechtsprechung) Arbeitsunfähigkeit wie folgt beschrieben: „Arbeitslose sind arbeitsunfähig, wenn sie krankheitsbedingt nicht mehr in der Lage sind, leichte Arbeiten in einem zeitlichen Umfang zu verrichten, für den sie sich bei der Agentur für Arbeit zur Verfügung gestellt haben. Dabei ist es unerheblich, welcher Tätigkeit der Versicherte vor der Arbeitslosigkeit nachging." Der Nachweis der Arbeitsunfähigkeit ist üblicherweise durch ein ärztliches Attest nachzuweisen.

Bereits im Antrag auf Arbeitslosengeld werden Sie gefragt, in welchem Umfang Sie arbeiten wollen und können und ob gesundheitliche Einschränkungen vorliegen.

2e	Ich **kann** bestimmte Beschäftigungen nicht mehr ausüben oder **muss** mich zeitlich einschränken (siehe Merkblatt 1 Abschnitt 2.5)	☐ J
	<u>Wenn ja:</u> ☐ **Gesundheitliche Gründe**	
	Bei einer ärztlichen Begutachtung bin ich bereit, mich im Rahmen des festgestellten Leistungsvermögens für die Vermittlung zur Verfügung zu stellen. ☐ Ja ☐ Nein	
	☐ **Andere zwingende Gründe** (z.B. Betreuung und Pflege) _____	
	Bei Erfüllung von Betreuungsaufgaben: Die Betreuung ist sichergestellt, wenn ich diese nicht übernehmen kann. ☐ Ja ☐ Nein	

Formular Antrag auf Arbeitslosengeld der Bundesagentur für Arbeit. (www.arbeitsagentur.de [6])

Die Antworten auf diese Fragen haben auch Auswirkungen auf die Höhe des Arbeitslosengeldes. Hatten Sie bisher eine Vollzeittätigkeit und wollen beispielsweise nur noch in Teilzeit arbeiten, würde sich das Leistungsentgelt entsprechend reduzieren.

Wenn Sie allerdings die Sonderform des Arbeitslosengeldes beantragen, ist eine Minderung des Entgelts normalerweise nicht üblich ist. Denn die Nahtlosigkeitsregelung besagt, dass das Bemessungsentgelt nicht gemindert werden darf, wenn der Versicherte wegen Minderung der

Leistungsfähigkeit weniger als 15 h in der Woche arbeiten kann und Arbeitslosengeld nach § 145 SGB III erhält.

> **Zum Nachschlagen: § 151 Abs. 5 Satz 2 SGB III**
> Ist die oder der Arbeitslose nicht mehr bereit oder in der Lage, die im Bemessungszeitraum durchschnittlich auf die Woche entfallende Zahl von Arbeitsstunden zu leisten, vermindert sich das Bemessungsentgelt für die Zeit der Einschränkung entsprechend dem Verhältnis der Zahl der durchschnittlichen regelmäßigen wöchentlichen Arbeitsstunden, die die oder der Arbeitslose künftig leisten will oder kann, zu der Zahl der durchschnittlich auf die Woche entfallenden Arbeitsstunden im Bemessungszeitraum. <u>Einschränkungen des Leistungsvermögens bleiben unberücksichtigt</u>, wenn Arbeitslosengeld nach § 145 geleistet wird. Bestimmt sich das Bemessungsentgelt nach § 152, ist insoweit die tarifliche regelmäßige wöchentliche Arbeitszeit maßgebend, die bei Entstehung des Anspruchs für Angestellte im öffentlichen Dienst des Bundes gilt [3].

Sind Sie weiterhin krankgeschrieben, ist es möglich, dass der ärztliche Dienst der Arbeitsagentur aktiv wird. Sie werden aus diesem Grund ein Merkblatt von der Arbeitsagentur erhalten:

Sie haben sich **nach Aussteuerung** aus dem Krankengeldbezug arbeitslos gemeldet.
Mit diesem Merkblatt erhalten Sie nähere Informationen zu den Besonderheiten und zum weiteren Verfahren.
Beachten Sie hierbei bitte, dass eine Entscheidung über die Bewilligung des Antrages auf Arbeitslosengeld erst nach Vorlage des ärztlichen Gutachtens erfolgen kann.

Grundsätzlich haben nur Arbeitnehmer Anspruch auf Arbeitslosengeld, die u. a. arbeitslos sind (§ 137 Abs. 1 Nr. 1 SGB III). Arbeitslos ist, wer u. a. jede zumutbare versicherungspflichtige (mindestens 15 Stunden wöchentlich umfassende) Beschäftigung
- ausüben kann und darf und
- bereit ist, eine Tätigkeit entsprechend seiner Leistungsfähigkeit aufzunehmen (§ 138 Abs. 5 Nrn. 1 und 3 SGB III).

Da Sie derzeit aufgrund Ihrer Erkrankung keine versicherungspflichtige Beschäftigung mehr ausüben können **und** Ihr Anspruch auf Krankengeld ausgeschöpft ist, ist vom Ärztlichen Dienst der Agentur oder des Rentenversicherungsträgers eine Entscheidung zu treffen, ob verminderte Erwerbsfähigkeit vorliegt.

Ihre Arbeitsbereitschaft, im Umfang des noch festzustellenden Leistungsvermögens, vorausgesetzt, hat die Arbeitsagentur eine Begutachtung durch den Arzt der Agentur für Arbeit zu veranlassen.
Sie sind verpflichtet diesen Termin wahrzunehmen.

Je nach Ergebnis des ärztlichen Gutachtens bestehen folgende Möglichkeiten:

➢ **Möglichkeit 1:** Der Arzt der Arbeitsagentur stellt fest, dass Sie voraussichtlich **mehr als 6 Monate nicht leistungsfähig** sind. Sie erhalten damit bis zur Entscheidung des Rentenversicherungsträgers zur verminderten Erwerbsfähigkeit Arbeitslosengeld nach § 145 SGB III (begrenzt auf die individuelle Dauer). Sie sind spätestens dann verpflichtet, einen Antrag auf Leistungen zur medizinischen Rehabilitation oder zur Teilhabe am Arbeitsleben oder auf Erwerbsminderungsrente beim zuständigen Rentenversicherungsträger zu stellen (§ 145 Abs. 2 SGB III) und erhalten hierzu eine schriftliche Aufforderung. Bei dem weiteren Verfahren durch den Rentenversicherungsträger sind Sie ebenfalls verpflichtet, entsprechend mitzuwirken.
Bitte reichen Sie der Arbeitsagentur in diesem Fall **keine** Arbeitsunfähigkeitsbescheinigungen mehr ein. Diese haben keine Auswirkungen mehr auf Ihren Leistungsbezug.

➢ **Möglichkeit 2:** Der Arzt der Arbeitsagentur stellt fest, dass Sie **bis zu 6 Monaten nicht leistungsfähig** sind. In diesem Fall haben Sie grundsätzlich ab dem Tag der Antragstellung auf Arbeitslosengeld keinen Anspruch auf diese Leistung. Der Antrag ist abzulehnen.
Ich empfehle Ihnen in diesem Fall dringend, sich schnellstmöglich an den zuständigen Träger der Grundsicherung zu wenden und dort Leistungen zu beantragen.

➢ **Möglichkeit 3:** Wird durch den Arzt des Rentenversicherungsträgers oder der Bundesagentur für Arbeit eine **hinreichende Restleistungsfähigkeit (für mindestens 15 Stunden wöchentlich)** festgestellt, werden Ihre Leistungen nicht nach der Ausnahmeregelung des § 145 SGB III gewährt.

Merkblatt „Nahtlosigkeit" der Arbeitsagentur aus 2014. (www.arbeitsagentur.de)

Sollten Sie einen Termin bei dem Arzt der Arbeitsagentur erhalten, so kann der Gutachter-Arzt kann wie folgt beurteilen:

1. Der Arzt stellt fest, dass Sie voraussichtlich <u>mehr als 6 Monate</u> nicht leistungsfähig sind:

- Sie haben einen Anspruch auf die Sonderform des Arbeitslosengeldes (Nahtlosigkeitsregelung) bis zu dem Zeitpunkt, an dem das Arbeitslosengeld ausläuft oder eine andere Leistung gezahlt wird (z. B. Erwerbsminderungsrente oder auch eine Regelaltersrente).
- Sie müssen mitwirken bzw. sich bereit erklären – falls nicht schon geschehen –, eine andere Leistung zu beantragen (z. B. Reha-Maßnahme oder eine Erwerbsminderungsrente).
- Sie müssen keine weiteren Arbeitsunfähigkeitsbescheinigungen bei der Arbeitsagentur einreichen.

2. Der Arzt stellt fest, dass Sie voraussichtlich <u>weniger als 6 Monate</u> nicht leistungsfähig sind:
   - Sie erhalten kein Arbeitslosengeld auf Grundlage der Nahtlosigkeitsregelung.
   - Sie müssen sich, falls die Krankheit weiter andauert, bei anderen Sozialträgern melden, um ggf. Unterstützung zu erhalten (Grundsicherung).

3. Der Arzt stellt fest, dass Sie mindestens 15 h/Woche arbeiten können:
   - Sie erhalten kein Arbeitslosengeld auf Grundlage der Nahtlosigkeitsregelung.
   - Um „normales" Arbeitslosengeld zu erhalten, müssen Sie sich „gesund melden".
   - Sie müssen sich, falls die Krankheit weiterhin andauert, bei anderen Sozialträgern melden, um ggf. Unterstützung zu erhalten (Grundsicherung).

Der Arzt wird ein schriftliches Gutachten ausstellen. Lassen Sie sich eine Kopie geben. Das Gutachten kann bereits (wie ein mögliches Gutachten aus einer Reha-Maßnahmen etc.) Aufschluss über den Gesundheitszustand geben und somit eine Einschätzung bringen, ob eine Erwerbsminderung vorliegt.

Liegen die sonstigen Voraussetzungen für Arbeitslosengeld (Dauer der letzten sozialversicherungspflichtigen Beschäftigung, ein bestimmtes Lebensalter) vor, erhalten Sie gemäß Ihren individuellen Gegebenheiten Arbeitslosengeld (nach SGB III). Einzelheiten können Sie direkt auf der Homepage der Arbeitsagentur nachsehen oder dem Buch „Langzeit-Krank, wer zahlt?", entnehmen [1].

Sind alle Formalitäten erledigt, erhalten Sie einen Bescheid mit der Angabe Ihres individuellen Anspruches über Arbeitslosengeld und der möglichen Dauer des Bezuges:

Beispiel

über Ihren Anspruch wird wie folgt entschieden:

Leistungsart	Kennziffer bei Zahlungen	Anspruchsbeginn	Anspruchsdauer (Kalendertage)
Arbeitslosengeld gem. § 136 SGB III	7002	08.02.2016	360

Anspruch auf Arbeitslosengeld. (Bescheid der Bundesagentur für Arbeit aus 2016. Mit freundlicher Genehmigung des Empfängers)

Mit dem Ergebnis können Sie planen, wie lange Sie noch finanzielle Unterstützung bis zu einer eventuellen Erwerbsminderungsrente vorhanden ist.

7.2.1.3 Finanzielles während einer Reha-Zeit

Sind Sie aufgefordert worden, eine Reha-Maßnahme in Anspruch zu nehmen, erhalten Sie ebenfalls eine finanzielle Unterstützung.

Während einer ambulanten oder stationären Reha-Maßnahme kann der Versicherte je nach individuellem Fall und Erfüllen der Voraussetzungen eine der folgenden Leistungen erhalten:

- Vom Arbeitgeber Entgeltfortzahlung
- Von der Krankenkasse Krankengeld
- Vom Rentenversicherungsträger Übergangsgeld
- Vom Unfallversicherungsträger Verletztengeld

Als Arbeitnehmer erhalten Sie zunächst die (mindestens) sechswöchige Lohnfortzahlung vom Arbeitgeber. Ist dieser Anspruch verbraucht, so können Sie beim Rentenversicherungsträger Übergangsgeld für die Dauer der Reha beantragen. Dazu müssen Sie unmittelbar vor dem Beginn der Reha oder einer vorangegangenen Arbeitsunfähigkeit Arbeitsentgelt erzielt und Rentenversicherungsbeiträge gezahlt haben. Selbiges gilt bei Krankengeld.

Übergangsgeld muss separat beantragt werden.

Die Höhe des Übergangsgeldes wird auf der Grundlage des letzten Arbeitsentgeltes berechnet und beträgt in der Regel 80 % vom letzten Regelentgelt, höchstens jedoch das letzte Nettogehalt. Gezahlt wird für maximal 6 Wochen, wobei ein Monat stets mit 30 Tagen berechnet wird. Das Übergangsgeld ist steuerfrei, wird jedoch bei der

Berechnung des Steuersatzes berücksichtigt (sog. Progressionsvorbehalt).

Nach Ende der Reha-Maßnahme wird der behandelnde Arzt einen Entlassungsbericht (Gutachten) schreiben. Lassen Sie sich eine Kopie aushändigen, denn die Inhalte können wieder für eine Erwerbsminderungsrente sprechen.

7.2.1.4 Höhe der Erwerbsminderungsrente prüfen

Die Höhe können Sie der Rentenauskunft entnehmen, die Sie regelmäßig von der Rentenversicherung erhalten. Denken Sie daran, dass es sich um einen Bruttobetrag handelt von dem noch Kranken- und Pflegeversicherungsbeiträge sowie ggf. Steuern gezahlt werden müssen.

Prüfen Sie den Versicherungsverlauf in Ihrer Rentenauskunft. Sind alle Zeiten vorhanden? Fehlen Zeiten oder Angaben? Sind alle Beträge (Ihr Brutto-Entgelt, Krankengeld, Arbeitslosengeld) korrekt eingetragen? Haben Sie Angehörige gepflegt? Sind die Kindererziehungszeiten und Kinderberücksichtigungszeiten erfasst? Hilfestellungen können Sie bei der Deutschen Rentenversicherung erhalten, bei neutralen Rentenberatern oder im Buch „Rentenbescheide" [2].

Kontenklärung beantragen
Mit einer Kontenklärung gleichen Sie Ihre Daten mit den Daten Ihres Rentenkontos ab und können gleichzeitig

gefundene Fehler korrigieren. Hierzu existieren zahlreiche Formulare. Diese müssen sie ausfüllen, mit den (beglaubigten) Kopien versehen und an Ihre zuständige Rentenstelle senden. Sie erhalten die Formulare direkt bei der nächsten Beratungsstelle der Rentenversicherung.

Es ist zu empfehlen, die Kontenklärung frühzeitig zu erledigen, um zeitnah alle Arbeiten erledigt zu wissen. Natürlich ist es auch möglich, gleichzeitig mit der Rentenantragsstellung eine Kontenklärung durchzuführen.

7.2.2 Beantragung der Rente vorbereiten

In dieser Phase sollten Sie besondere Sorgfalt walten lassen, denn die richtige Vorbereitung mit den (gleich) richtigen Unterlagen erspart möglicherweise den langwierigen Weg durch ein Widerspruchs- oder gar Klageverfahren.

7.2.2.1 Prüfung der sozialversicherungsrechtlichen Voraussetzungen

Zunächst sollten Sie prüfen, ob die versicherungsrechtlichen Voraussetzungen vorhanden sind. Einzelheiten können Sie dem entsprechenden Abschn. 2.2 entnehmen.

Scheitern Sie hier, wie im nachfolgenden Beispiel, muss überlegt werden, ob es einen Ausweg gibt.

Ihrem Antrag auf Rente wegen Erwerbsminderung können wir leider nicht entsprechen, weil Sie die besonderen versicherungsrechtlichen Voraussetzungen für diese Rente nicht erfüllen.

Begründung
Wir haben festgestellt, dass Sie seit dem 15.01.2012 befristet voll erwerbsgemindert sind.
Eine Rente wegen Erwerbsminderung können Sie jedoch nur erhalten, wenn weitere Voraussetzungen vorliegen.
Unter anderem ist eine Mindestzahl von Pflichtbeiträgen erforderlich.

Diese "besonderen versicherungsrechtlichen Voraussetzungen" sind gegeben, wenn Ihr Versicherungskonto
- innerhalb der letzten 5 Jahre vor Eintritt der Erwerbsminderung
- mindestens 36 Monate Pflichtbeiträge

enthält (§ 43 Absatz 1 Nr. 2 und Absatz 2 Nr. 2 Sechstes Buch Sozialgesetzbuch - SGB VI).

Wir haben geprüft, ob Sie die besonderen versicherungsrechtlichen Voraussetzungen erfüllen.

Daraus folgt, dass Ihr Versicherungskonto die Mindestzahl von 36 Monaten Pflichtbeiträgen im Zeitraum vom 15.10.2006 bis zum 14.01.2012 enthalten muss.

In diesem Zeitraum haben Sie jedoch nur 17 Monate mit Pflichtbeiträgen.

Versicherungsrechtliche Voraussetzungen. (Bescheid der Deutschen Rentenversicherung aus 2012. Mit freundlicher Genehmigung des Empfängers)

Nun ist zu prüfen, ob ggf. ein Ausnahmetatbestand zum Tragen kommen könnte.

Eine andere Möglichkeit wäre, die fehlenden Monate mit Pflichtbeitragszeiten zu füllen und den Antrag auf Erwerbsminderungsrente „zu verschieben". Pflichtbeitragszeiten erzielen Sie auch durch einen Minijob. Zu beachten ist hierbei, dass ein Minijob mit eigenen Beiträgen zur Rentenversicherung die vollen Wartezeitmonate ergeben.

Zahlen Sie keine eigenen Beiträge vom Minijob in die Rentenkasse, zählen die Wartezeitmonate nicht voll. Die Kosten für die Rentenversicherung sind sehr gering, da Sie nur den Differenzbetrag bis zum Beitragssatz zahlen. Der Beitragssatz beträgt zurzeit 18,7 % vom Entgelt, der Arbeitgeber zahlt 15 % als Pauschale an die Rentenkasse, Sie müssten lediglich den Differenzbetrag von 3,7 % zahlen. Zu beachten ist, dass der (Differenz)Beitragssatz stets von mindestens 175 € berechnet wird. Ein Minijob mit einem monatlichen Gehalt von 100 € würde also nicht 3,7 % von 100 € an Rentenversicherungsbeiträgen „kosten", sondern 3,7 % von 175 €. Verdienen Sie mehr als 175 €, so ist die Bemessungsgrundlage entsprechend Ihres Verdienstes bis max. 450 €.

Weitere Möglichkeiten die nötigen Pflichtbeiträge aufzufüllen, sind zum Beispiel Pflegetätigkeiten oder eine Antragspflichtversicherung. Wurden Sie während einer Arbeitslosigkeit ohne Entgeltfortzahlung (evtl. durch eine Sperrzeit) seitens der Arbeitsagentur darauf hingewiesen, dass Sie eine Antragspflichtversicherung (§ 4 Abs. 3 SGB VI) nutzen können, um die nötigen Pflichtbeitragszeiten bei einer Erwerbsminderungsrente nicht zu verlieren? Die Arbeitsagentur hat eine Hinweispflicht auf eine mögliche Beitragszahlung (Bundessozialgericht Az. 13 RJ 27/92 vom 25.08.1993), denn Sperrzeiten sind lediglich Überbrückungstatbestände und keine Anwartschaftserhaltungszeiten.

Weitere Möglichkeiten können Sie Abschn. 2.2.2 *Allgemeine Wartezeit* entnehmen.

7.2.2.2 Prüfung der medizinischen Voraussetzungen

Die Minderung der Erwerbsfähigkeit muss auf Krankheit oder Behinderung zurückzuführen sein. Veränderungen der körperlichen Leistungsfähigkeit als Folge des normalen Alterungsprozesses zählen nicht zu Krankheit oder Behinderung. Auch muss die Erwerbsfähigkeit, trotz Ausschöpfens aller therapeutischen Möglichkeiten, auf „nicht absehbarer Zeit" eingeschränkt sein. Hierunter wird ein Zeitraum von mindestens sechs Monaten verstanden.

Von besonderer Bedeutung ist das Restleistungsvermögen, dieses Restleistungsvermögen wird in der sozialmedizinischen Begutachtung ermittelt. Hierbei spielt die Zeit eine wesentliche Rolle, die noch gearbeitet werden kann:

- Restleistungsvermögen bis unter 3 h pro Tag
- Restleistungsvermögen 3 bis unter 6 h pro Tag
- Restleistungsvermögen von 6 h pro Tag

Festzustellen ist nicht nur das zeitliche Restleistungsvermögen, sondern auch, ob es „unter den üblichen Bedingungen des Arbeitsmarktes" erbracht werden kann. Hier wird nicht die Tätigkeit selbst betrachtet, sondern die konkrete bzw. reale Ausgestaltung, die in Tarifverträgen etc. verankert ist. Von Bedeutung in diesem Zusammenhang sind insbesondere

- Dauer,
- Lage und

- Verteilung der Arbeitszeit, weil diese Faktoren sich auf die Gesundheit auswirken können.

Beträgt das Leistungsvermögen sechs Stunden und mehr, wird grundsätzlich davon ausgegangen, dass es auch unter den üblichen Bedingungen des Arbeitsmarktes anwendbar ist. Allerdings sind Ausnahmefälle möglich, die dennoch eine Leistungseinschränkung darlegen:

- Zusätzliche unübliche Arbeitspausen werden benötigt. Die üblichen Pausenregelungen sind in Gesetzen und Tarifverträgen geregelt. Werden darüber hinaus Pausen benötigt, kann das für eine eingeschränkte Leistungsfähigkeit sprechen, wobei z. B. häufige Blutzuckerkontrollen nicht dazu zählen.
- Eingeschränkte Wegefähigkeit. Unter Wegefähigkeit versteht man die Fähigkeit, eine Arbeitsstelle aufsuchen zu können. Nach dem von der Rechtsprechung entwickelten Grundgedanken ist nicht wegefähig, wer auch unter Verwendung von Hilfsmitteln (z. B. Gehstützen) nicht in der Lage ist, viermal täglich eine Strecke von mehr als 500 m innerhalb von 20 min zu Fuß zurückzulegen. Die fehlende Wegefähigkeit kann im Einzelfall durch Hilfsmittel (z. B. behindertengerechter Umbau eines Kfz) ersetzt werden, sodass dann keine Erwerbsminderung vorliegt.
- Schwere spezifische Leistungsbehinderung und Summierung ungewöhnlicher Leistungseinschränkungen. Schwere Leistungsminderung ist anzunehmen, wo

bereits eine schwerwiegende Behinderung vorliegt und Verweisungsmöglichkeiten auf einen anderen Beruf nicht mehr greifen (zum Beispiel Einarmigkeit). Bei der Summierung ungewöhnlicher Leistungseinschränkungen wurden bisher nur Einzelfallentscheidungen getroffen, wie zum Beispiel:
- Sehstörungen, Beweglichkeitseinschränkungen der Hände, keine knieenden oder bückenden Tätigkeiten, Arbeit nur unter Ausschluss von Kälte, Nässe und Staub.
- Erfordernis, bei der Arbeit halbstündig zwischen Sitzen, Stehen und Gehen zu wechseln, Beweglichkeitseinschränkungen bei Armen und Händen.

Die medizinische Leistungsfähigkeit wird von Ärzten geprüft (Ärzten von Reha-Einrichtungen, dem medizinischen Dienst der Krankenkassen oder dem medizinischen Dienst der Deutschen Rentenversicherung).

Nachfolgend ein ärztlicher Entlassungsbericht einer Rehabilitationseinrichtung
Deutlich wird hier, dass nur noch eine Leistungsfähigkeit unter 3 h, allerdings nur im Hauptberuf, besteht. Das Leistungsvermögen bezogen auf den allgemeinen Arbeitsmarkt beträgt allerdings 6 h und mehr pro Tag.

7 Praxisteil

Sozialmedizinische Leistungsbeurteilung

Letzte berufliche Tätigkeit

Bezeichnung der Tätigkeit	Pfleger im ambulanten Pflegedienst
Beurteilung des zeitlichen Umfangs, in dem die letzte berufliche Tätigkeit ausgeübt werden kann	☐ 6 Stunden und mehr ☐ 3 bis unter 6 Stunden ☒ unter 3 Stunden

Positives und negatives Leistungsbildvermögen (allgemeiner Arbeitsmarkt)
Zutreffendes bitte ankreuzen (X), Mehrfachnennungen sind möglich

Positives Leistungsvermögen: Folgende Arbeiten können verrichtet werden

Körperliche Arbeitsschwere	☐ schwere Arbeiten	☐ mittelschwere	☒ leichte bis mittelschwere	☐ leichte

Arbeitshaltung im Stehen			im Gehen			im Sitzen		
☐ ständig	☐ überwiegend	☒ zeitweise	☐ ständig	☒ überwiegend	☐ zeitweise	☐ ständig	☒ überwiegend	☐ zeitweise

Arbeitsorganisation	☒ Tagesschicht	☒ Früh- / Spätschicht	☐ Nachtschicht

☐ keine wesentlichen Einschränkungen

Negatives Leistungsvermögen:
Einschränkungen beziehen sich auf: (Art / Ausmaß müssen differenziert unter Ziff.3 beschrieben werden):

☐ **geistig/psychische Belastbarkeit**
(Zu beachten sind insbesondere Konzentrations-/Reaktionsvermögen, Umstellungs-, Anpassungsvermögen, Verantwortung für Personen und Maschinen, Publikumsverkehr, Überwachung, Steuerung komplexer Arbeitsvorgänge).

☐ **Sinnesorgane**
(Zu beachten sind insbesondere Seh-, Hör-, Sprach-, Sprech-, Tast- und Riechvermögen).

☒ **Bewegungs- und Haltungsapparat**
(Zu beachten sind insbesondere Gebrauchsfähigkeit der Hände, häufiges Bücken, Ersteigen von Treppen, Leitern und Gerüsten, Heben, Tragen und Bewegen von Lasten, Gang- und Standsicherheit, Zwangshaltungen).

☐ **Gefährdungs- und Belastungsfaktoren**
(Zu beachten sind insbesondere Nässe, Zugluft, extrem schwankende Temperaturen, inhalative Belastungen, Allergene, Lärm, Erschütterungen, Vibrationen, Tätigkeiten mit erhöhter Unfallgefahr, häufig wechselnde Arbeitszeiten).

Beschreibung des Leistungsvermögens (insbesondere der unter Ziff. 2 genannten Einschränkungen)
Kein schweres Heben über 15 kg.
Kein häufiges Treppensteigen.

Beurteilung des zeitlichen Umfangs, in dem eine Tätigkeit entsprechend dem positiven und negativen Leistungsvermögen ausgeübt werden kann.	☒ 6 Stunden und mehr ☐ 3 bis unter 6 Stunden ☐ unter 3 Stunden

Sozialmedizinische Leistungsbeurteilung der Deutschen Rentenversicherung (med. Dienst) von 2014. (Mit freundlicher Genehmigung des Empfängers)

Ergebnis

Es besteht aus medizinischer Sicht eine Berufsunfähigkeit im Hauptberuf. Es besteht weder eine volle noch eine teilweise Erwerbsminderung, sondern eine Berufsunfähigkeit im Hauptberuf.

Nachfolgend ein Gutachten der Arbeitsagentur nach „Aktenlage"

Teil B: Sozialmedizinische Stellungnahme für den Auftraggeber:
Teil A (Medizinische Dokumentation und Erörterung) unterliegt der ärztlichen Schweigepflicht und verbleibt im Ärztlichen Dienst.

Vermittlungs- und beratungsrelevante Gesundheitsstörungen:

Leistungsbild:

Folgende Tätigkeiten können verrichtet werden (positives Leistungsbild); Zeitlicher Umfang:

[X] vollschichtig (tägl. 6 Std. und mehr) [ ] tägl. von 3 bis unter 6 Std. [ ] tägl. weniger als 3 Std. (wö. unter 15 Std.)

Prognose bei verminderter oder aufgehobener Leistungsfähigkeit:

[ ] voraussichtlich bis zu 6 Monaten
[ ] voraussichtlich länger als 6 Monate, aber nicht auf Dauer
[ ] voraussichtlich auf Dauer

<u>Maximale</u> körperliche Arbeitsschwere:

[X] gelegentlich mittelschwer [ ] überwiegend mittelschwer [ ] ständig leicht / [ ] ständig mittelschwer
[ ] gelegentlich schwer [ ] überwiegend schwer [ ] ständig schwer

Körperhaltung:

[ ] gelegentlich sitzend [X] überwiegend sitzend [ ] ständig sitzend
[X] gelegentlich gehend [ ] überwiegend gehend [ ] ständig gehend
[X] gelegentlich stehend [ ] überwiegend stehend [ ] ständig stehend

Ergänzende Beschreibung (insbesondere negatives Leistungsbild):

Auszuschließen sind:
Häufiges Heben und Tragen ohne mechanische Hilfsmittel.
Nachtschicht.
Absturzgefahr aus großer Höhe.
Hohe körperliche Belastungen.

Sozialmedizinische Beurteilung:

Herr G. ist in seiner Leistungsfähigkeit wie beschrieben eingeschränkt. Im Vordergrund steht eine Minderbelastbarkeit des Herz-Kreislaufsystems. Des Weiteren ist die Belastbarkeit im Stütz- und Bewegungsapparat eingeschränkt. Eine medizinische Reha-Maßnahme fand bis Anfang 2014 statt. Der Entlassungsbericht liegt vor und konnte zur Leistungsbeurteilung ausgewertet werden.

Beantwortung der Zielfragen:

Kann die zuletzt ausgeübte Tätigkeit weiter verrichtet werden?
(Angaben zu Tätigkeit/ Arbeitsbedingungen und aktuelle Beschwerden sind zu ergänzen)
bitte erstellen Sie ein ausführliches Gutachten zur Leistungsfähigkeit des Kunden.

Beantwortung:
Die zuletzt ausgeübte Tätigkeit als Krankenpfleger im ambulanten Pflegedienst kann aus ärztlicher Sicht nicht mehr verrichtet werden.
Ansonsten siehe Leistungsbild.

Hinweise zur Eröffnung des Gutachtens: Das Gutachten kann ohne Ärztin/Arzt eröffnet werden.

Sozialmedizinische Stellungnahme der Arbeitsagentur (med. Dienst) von 2014. (Mit freundlicher Genehmigung des Empfängers)

Bedeutung der Inhalte
Leistungsbild

- Vollschichtig (tägl. 6 h und mehr)
  - Übliche, ganztägige Arbeit
  - Bei der Arbeitsagentur in Vollzeit vermittelbar
- Tägl. von 3 bis unter 6 h
  - Begriff aus der Rentenversicherung
  - Bedeutet eine eingeschränkte Leistungsfähigkeit
  - Möglichkeit, eine Teil-Erwerbsminderungsrente zu erhalten (Rentenversicherung)
  - Bei der Arbeitsagentur ggf. noch in Teilzeit vermittelbar
- Tägl. weniger als 3 h (wöchentlich unter 15 h)
  - Begriff aus der Rentenversicherung
  - Bedeutet eine besonders eingeschränkte Leistungsfähigkeit
  - Möglichkeit, eine volle Erwerbsminderungsrente zu erhalten
  - Bei der Arbeitsagentur nicht mehr vermittelbar, die Nahtlosigkeitsregelung greift

Prognose bei verminderter oder aufgehobener Leistungsfähigkeit

- Voraussichtlich bis zu 6 Monaten
  - Kein Anspruch auf Arbeitslosengeld über die Nahtlosigkeitsregelung
- Voraussichtlich länger als 6 Monate, aber nicht auf Dauer
  - Kein Anspruch auf Arbeitslosengeld über die Nahtlosigkeitsregelung

- Voraussichtlich auf Dauer
  – Anspruch auf Arbeitslosengeld über die Nahtlosigkeitsregelung

Die Nahtlosigkeitsregelung wird ausgeschlossen, wenn sicher ist, dass die Leistungsfähigkeit innerhalb von 6 Monaten wieder hergestellt wird (Bundessozialgericht vom 26.5.1977 Az.: 12 Rar 13/77).

Max. körperliche Arbeitsschwere

- Gelegentlich, überwiegend, ständige leichte bzw. mittelschwere bzw. schwere Arbeit
  – Einschränkungen z. B. im Tragen von Lasten
  – Ergeben u. U. arbeitsmedizinische Bedenken bei fortgeschrittenen Erkrankungen des Muskel-Skelettsystems, des Herzens, des Kreislaufs, der Lungen, des Nervensystems etc.
  – Körperhaltung
- Belastende Körperhaltungen erschweren die Arbeit und werden besonders berücksichtigt

Sie haben das Recht, in Ihre ärztlichen oder psychologischen Gutachten einschließlich der Befundunterlagen, Einsicht zu nehmen (Tätigkeitsbericht des Bundesbeauftragten für Datenschutz 1993–1994, Seite 194).

Beurteilung nach Aktenlage
Ein Gutachten kann nach Aktenlage erstellt werden, wenn aktuelle und aussagefähige Vorgutachten oder Befunde

vorliegen. Dazu zählen in der Regel Unterlagen, die nicht älter als ein halbes Jahr sind. Ferner müssen die Vorgutachten bzw. Befunde ein aussagekräftiges Leistungsbild darstellen und eine Schlussfolgerung zur Funktion aller Organsysteme erlauben. Die häufigsten Vorgutachten stellen Reha- oder Rentenbegutachtungen dar. Die Entscheidung über die Art der Begutachtung trifft ausschließlich der Arzt.

7.2.2.3 Krankengeschichte aufschreiben

Für den Gutachterarzt sind aktuelle Bewertungen, Namen und Anschriften von Kollegen eine Grundlage, um zu einem guten medizinischen Ergebnis zu gelangen. Je aussagekräftiger die eingereichten Unterlagen, desto schneller können die Gutachten erstellt werden, sodass keine Zeit verloren geht.

Stellen Sie, am besten in Tabellenform, eine Liste auf. Es sollten alle Erkrankungen enthalten sein (Beginn, genaue Bezeichnung), behandelnde Ärzte (Namen, Facharzthinweis, Kontaktdaten), Klinikaufenthalte (Namen, Ort der Kliniken, Zeiten der Behandlung, ggf. Grund der Behandlung), Reha-Aufenthalte (Namen, Ort, Grund der Behandlung, Dauer) sowie sonstige Arztberichte, Entlassungsberichte, Gutachten.

Beispiel

Krankenberichte

Datum:	Arzt / Klinik / Rehaeinrichtung:	Diagnosen / Ergebnis:
30.08.2013	Ambulantes Kardiologisches Zentrum	Marcumarpatient seit 30.08.2010
	Dr. No	Möglichkeit koronare Herz-
	Beispielstraße 1	erkrankung, A.v. (I25.9A)
	12123 Beispielhausen	norm. Linksventrikuläre Funktion, A.v. (I50.19A)
	Tel.: 12345/222555	absolute Arrhythmie bei Vorhofflimmern, G.
		(I48.19G)
03.08.2014	Gemeinschaftspraxis Radiologie und	*Untersuchung - MRT der LWS*
	Nuklearmedizin	Bulging der Bandscheiben
	Schönstraße 12	Facettengelenksarthrose
	12123 Beispielhausen	aneurysmatische Aufweitung der Aorta
	Tel.: 12345/333444	
05.08.2014	und so weiter...	

Auflistung der Krankenberichte. (Eigene Darstellung der Autorin)

7.2.2.4 Krankendokumente zusammenstellen

Stellen Sie alle Dokumente zusammen, die eine Aussage zur Ihrem Krankheitsbild machen können und Sie somit im weiteren Verfahren unterstützen können, wie zum Beispiel: Rehaberichte, Krankenhausberichte, Einschätzungen vom Hausarzt, vom Facharzt oder vom Betriebsarzt sowie eine Bestätigung über eine ggf. vorliegende Schwerbehinderung.

7.2.2.5 Antrag auf Erwerbsminderung vorbereiten

Für die Beantragung einer Erwerbsminderungsrente sind zahlreiche Dokumente auszufüllen. Alle Formulare sind auf der Homepage der Deutschen Rentenversicherung abrufbar oder in den Beratungsstellen der Deutschen Rentenversicherung. (Mit oder ohne deren Hilfe beim Ausfüllen) zu erhalten.

7 Praxisteil

Nachfolgend einige wichtige Punkte zu den einzelnen Formularen.

Hauptformular R 0100

Zunächst der allgemeine Antrag Nr. „R0100". Hier geht es darum, welche Rente überhaupt beantragt wird. Ferner sind zahlreiche Fragen zum Versicherungsverlauf etc. zu beantworten.

Ganz oben links muss zunächst Ihre Versicherungsnummer eingetragen werden. Sie finden diese auf Ihren Renteninformationen bzw. Rentenauskünften, die Sie regelmäßig von der Deutschen Rentenversicherung erhalten.

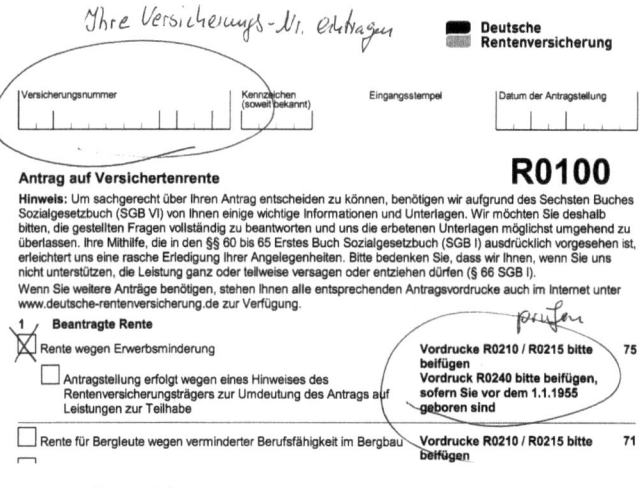

Antrag auf Versichertenrente Nr. R0100, Seite 1[4]. (Deutsche Rentenversicherung 2016)

Es geht weiter auf der Seite 2: allgemeine Angaben zur Person.

108 P. Schewe

auf jede Seite die Versicherungs-Nr. ergänzen

noch Ziffer 1

Die Altersrente soll gezahlt werden als

☐ Vollrente ☐ 2/3 Teilrente ☐ 1/2 Teilrente ☐ 1/3 Teilrente

Die beantragte Altersrente soll beginnen am: 0 1 . __ . ____

2 Angaben zur Person

Name: *Musterfrau*
Vorname (Rufname): *Marion*
Geburtsname:
frühere Namen:
Geburtsdatum:
Geschlecht: ☐ männlich ☐ weiblich
Staatsangehörigkeit (gegebenenfalls frühere Staatsangehörigkeit bis):
Geburtsort (Kreis, Land):
Straße, Hausnummer:
telefonisch tagsüber zu erreichen (Angabe freiwillig):
Postleitzahl: Wohnort:
Telefax (Angabe freiwillig):
E-Mail (Angabe freiwillig):

Wohnsitz am 18.5.1990 (Ort, Bundesland, Staat):
letzter Wohnsitz im Inland (bei Aufenthalt im Ausland):

Zuzug aus dem Ausland? ☐ nein ☐ ja, am __.__.____ aus Ort, Gebiet, Staat _____ nach Ort, Bundesland _____

Familienstand
☐ nicht verheiratet (ledig, verwitwet oder geschieden) / nicht in Eingetragener Lebenspartnerschaft lebend
☐ verheiratet / wiederverheiratet / in Eingetragener Lebenspartnerschaft lebend

persönliche Identifikationsnummer für steuerliche Zwecke:

3 Antragstellung durch andere Personen
Der Antrag wird in Vertretung gestellt von *zum Beispiel durch einen*
Vollmacht oder Beschluss des Gerichts bitte beifügen
Name, Vorname / Dienststelle (gegebenenfalls Aktenzeichen): *Denkerbraker*

in der Eigenschaft als
☐ gesetzlicher Vertreter ☐ Vormund ☐ Betreuer ☐ Bevollmächtigter

Straße, Hausnummer:
telefonisch tagsüber zu erreichen (Angabe freiwillig):
Postleitzahl: Wohnort:
Telefax (Angabe freiwillig):
E-Mail (Angabe freiwillig):

Antrag auf Versichertenrente Nr. R0100, Seite 2[4]. (Deutsche Rentenversicherung 2016)

7 Praxisteil 109

Weiter geht es auf Seite 3: Konto-Nummer nicht vergessen. Ab Nummer 5 wird nun nach Zeiten in Ihrem Rentenkonto gefragt. Möglicherweise haben Sie vorher schon eine Kontenklärung durchgeführt, sodass die nächsten Seiten kaum noch mit Eintragungen gefüllt werden müssen. Sind Sie sich unsicher, ob etwas fehlt oder falsch ist, holen Sie sich fachliche Hilfe. Es geht hier um Ihr Geld.

Antrag auf Versichertenrente Nr. R0100, Seite 3[4]. (Deutsche Rentenversicherung 2016)

Seite 13 beinhaltet Fragen zur Ihrer Krankenkasse. Die Deutsche Rentenversicherung wird sich anschließend mit Ihrer Krankenkasse in Verbindung setzen, um die

Abrechnung zu organisieren. Zu diesem Zweck muss noch ein weiterer Vordruck ausgefüllt werden:

R0810, wenn Sie bei einer **gesetzlichen** Krankenversicherung versichert sind.

R0821, wenn Sie bei einem **privaten** Krankenversicherungsunternehmen versichert sind.

Denken Sie daran, dass Sie eine (günstige) Pflichtversicherung in der gesetzlichen Krankenversicherung erhalten, wenn Sie seit vielen Jahren in einer gesetzlichen Krankenversicherung versichert sind (als Pflichtversicherter, als freiwillig Versicherter oder als Familienversicherter).

Erfüllen Sie die Voraussetzungen für eine Pflichtversicherung nicht (weil Sie zum Beispiel auch viele Jahre in einer privaten Krankenversicherung versichert waren) können Sie trotzdem in der gesetzlichen Krankenversicherung bleiben. Allerdings sind Sie dann freiwillig Versicherte mit dem Effekt, dass Sie möglicherweise mehr Krankenversicherungsbeiträge zahlen müssen. Freiwillig Versicherte in der gesetzlichen Krankenversicherung müssen Beiträge nach Ihrer Leitungsfähigkeit zahlen. Das bedeutet, dass Sie auch Beiträge auf Zinseinkünfte, Mieteinnahmen etc. bis zur Beitragsbemessungsgrenze zahlen müssen. Auf den Beitrag zur gesetzlichen Rente erhalten Sie zwar auch einen Zuschuss von der Deutschen Rentenversicherung (wie bei einem Arbeitgeber), aber für die anderen Einnahmen werden höhere Beiträge fällig und Sie erhalten keinen Zuschuss.

Sind Sie noch weiterhin berufstätig und/oder in einem Job tätig, so hat das ebenfalls Auswirkungen auf Ihren Krankenversicherungsbeitrag bei der gesetzlichen Krankenversicherung.

Sind Sie in einer privaten Krankenversicherung, so erhalten Sie einen Zuschuss zu den Kosten von der Deutschen Rentenversicherung.

Versicherungsnummer								Kennzeichen (soweit bekannt)		

10.14 Sonstige Leistungen (zum Beispiel Kriegsopferfürsorge, nach dem Gesetz über die Sicherung des Unterhalts der zum Wehrdienst einberufenen Wehrpflichtigen und ihrer Angehörigen - Unterhaltssicherungsgesetz - USG -, von einer Arbeitsgemeinschaft für Krebsbekämpfung oder zur Rehabilitation Suchtkranker, Versorgungsleistung nach § 9 des Gesetzes zur Überführung der Ansprüche und Anwartschaften aus Zusatz- und Sonderversorgungssystemen des Beitrittsgebiets - Anspruchs- und Anwartschaftsüberführungsgesetz - AAÜG -)

Bezugszeitraum vom - bis / beantragt am

☐ nein ☐ ja

zahlende Stelle

Aktenzeichen

Art der Leistung

11 Krankenversicherung der Rentner (KVdR)

11.1 Bei welcher **gesetzlichen Krankenkasse** erfolgt die "Meldung zur Krankenversicherung der Rentner"?
Name der Krankenkasse / Verwaltungsstelle

Anschrift der Krankenkasse / Verwaltungsstelle

Meldung zur KVdR **(Vordruck R0810)**
☐ ist beigefügt ☐ wird nachgereicht ☐ wurde weitergeleitet

11.2 Üben Sie über den Rentenbeginn hinaus eine hauptberufliche selbständige Tätigkeit oder eine Beschäftigung aus, die wegen Überschreitens der Jahresarbeitsentgeltgrenze in der gesetzlichen Krankenversicherung versicherungsfrei ist?
☐ nein ☐ ja

11.3 Beantragen Sie einen **Zuschuss** zu den Aufwendungen für eine **freiwillige** Mitgliedschaft in der gesetzlichen Krankenversicherung oder für die Versicherung bei einem **privaten** Krankenversicherungsunternehmen?

☐ nein, bitte weiter bei Ziffer 12
☐ ja

11.3.1 Wird zu einer weiteren Rente bereits ein Zuschuss zur Krankenversicherung gezahlt oder ist dieser beantragt?
☐ nein ☐ ja

11.3.2 Besteht oder bestand in der Zeit, für die Sie einen Zuschuss beantragen, Versicherungspflicht in einer deutschen oder ausländischen **gesetzlichen** Krankenversicherung?
Name und Anschrift der Krankenkasse oder des Gesundheitsdienstes

☐ nein ☐ ja

Grund der Versicherungspflicht (zum Beispiel Beschäftigungsverhältnis, Versicherungspflicht als Arbeitsloser, Einwohnerkrankenversicherung)

11.3.3 Sind Sie privat krankenversichert?

☐ nein, bitte weiter bei Ziffer 12

☐ ja, **bitte Vordruck R0821** vom privaten Krankenversicherungsunternehmen **ausfüllen lassen**

Vordruck R0821 ☐ ist beigefügt ☐ wird nachgereicht ☐ wurde weitergeleitet

Antrag auf Versichertenrente Nr. R0100, Seite 13[4]. (Deutsche Rentenversicherung 2016)

112 P. Schewe

Formular R 215
Dem Vordruck R 215 (Selbsteinschätzungsbogen) sollten Sie besondere Aufmerksamkeit schenken:

| Versicherungsnummer | Kennzeichen (soweit bekannt) | | Deutsche Rentenversicherung |

R0250

Personalstelle

Aufforderung zur Abgabe einer Gesonderten Meldung durch den Arbeitgeber

Angaben zu Ihrer Mitarbeiterin / Ihrem Mitarbeiter

| Name, Vorname | Geburtsdatum |

| Straße, Hausnummer, Postleitzahl, Wohnort |

| Personalnummer / Aktenzeichen (soweit bekannt) |

Sehr geehrte Damen und Herren,

wir bitten um Abgabe einer Gesonderten Meldung über die **bereits abgerechneten Zeiträume** (Meldung nach der Datenerfassungs- und -übermittlungsverordnung - DEÜV - mit Abgabegrund 57, vergleiche § 12 Absatz 5 DEÜV in Verbindung mit § 194 Sechstes Buch Sozialgesetzbuch).

Sollte die Jahresmeldung für das vorangegangene Kalenderjahr noch nicht abgegeben worden sein, bitten wir diese gleichzeitig zu erstellen.

Hinweis zur Erstellung der Gesonderten Meldung (Grund der Abgabe 57):

Die Gesonderte Meldung muss **mindestens** den Zeitraum bis einschließlich _____ umfassen und darf frühestens mit der Entgeltabrechnung für den genannten Monat erstellt werden.

Bei Altersrenten ist die Gesonderte Meldung frühestens mit der Entgeltabrechnung zu erstellen, die den letzten Tag des vierten Kalendermonats vor dem Rentenbeginn beinhaltet.

Mit freundlichen Grüßen

Seite 1 von 1
R0250-00 DRV
V004 - AGRTAQ 2/2015 - Stand: 18.06.2015

Selbsteinschätzungsbogen der Deutschen Rentenversicherung [5]

Den Selbsteinschätzungsbogen müssen Sie nicht ausfüllen.

7.2.2.6 Zusammenstellung der Unterlagen

Ihre Krankengeschichte (ggf. in Tabellenform) und die Krankenunterlagen (ärztliche Gutachten, Reha-Berichte, etc.) sowie den Antrag auf Erwerbsminderungsrente nebst der nötigen Anlagen sollten Sie nun zusammenfügen. Vergessen Sie sich, sich eine Kopie von allen Unterlagen zu erstellen.

Sinnvoll wäre es, wenn eine fachkundige neutrale Person nochmals die Unterlagen prüft.

Den Antrag auf Erwerbsminderung mit allen weiteren Unterlagen nimmt jede Beratungsstelle der Rentenversicherung entgegen bzw. Sie können diesen auch per Post an die Rentenversicherung schicken. Adressen auf der Homepage der Rentenversicherung bzw. Sie finden Ihre zuständige Stelle auf Ihrer Renteninformation oder Rentenauskunft.

7.3 Im Rentenverfahren

Nach dem Versand der Unterlagen an die Deutsche Rentenversicherung werden Sie nach einer oder zwei Wochen eine Eingangsbestätigung erhalten. Die Deutsche Rentenversicherung prüft nunmehr die Unterlagen und wird sich – falls etwas fehlt – ggf. nochmals mit Ihnen in Verbindung setzen.

Normalerweise erhalten Sie dann nach ca. sechs oder acht Wochen eine erste Einladung zu einem medizinischen Gespräch und nach weiteren drei Wochen einen Termin zu einer medizinischen Untersuchung beim medizinischen Dienst der Deutschen Rentenversicherung. Hier liegen dem Arzt Ihre Unterlagen zum Krankheitsverlauf vor (entweder Ihre eingereichten Unterlagen und/oder angeforderte Unterlagen, die Ihre angegebenen Ärzte zum medizinischen Dienst gesandt haben). Sie sollten nach dem Abschluss um eine Übersendung des Gutachtens bitten. Nach normalerweise weiteren sechs Wochen werden Sie einen Bescheid erhalten. Falls Sie nicht die gewünschte Erwerbsminderungsrente erreicht haben, steht Ihnen nunmehr der Rechtsweg offen (Widerspruch, Klage).

7.3.1 Konkreter Ablauf im Rentenverfahren

a) Eingang bei der Rentenversicherung (Verwaltung)
b) Prüfung der versicherungsrechtlichen Voraussetzungen durch die Rentenversicherung
c) Antrag wird von der Rentenversicherung zum medizinischen Dienst weitergeleitet
d) Med. Dienst wird die vorliegenden Informationen/Gutachten sichten und Sie zu einer Untersuchung einladen
e) Med. Dienst wird gemäß Untersuchung und den vorliegenden Dokumenten ein Gutachten erstellen
f) Die Rentenversicherung (Verwaltung) erhält das Gutachten des med. Dienstes

g) Prüfung durch einen Juristen der Rentenversicherung und Entscheidung, ob eine Erwerbsminderung bewilligt wird

7.3.2 Prüfung der versicherungsrechtlichen Voraussetzungen

Nach Eingang der Unterlagen und Eingangsbestätigung an den Versicherten bzw. Bevollmächtigten, wird die Deutsche Rentenversicherung zunächst prüfen, ob die versicherungsrechtlichen Voraussetzungen vorliegen. Nur bei Vorliegen der entsprechenden Voraussetzungen wird das Verfahren fortgesetzt.

Fehlen Teile der sozialversicherungsrechtlichen Voraussetzungen wird ein Ablehnungsbescheid ergehen. Einzelheiten können Sie nochmals im Kap. 2 nachschlagen.

7.3.3 Das medizinische Gutachten in der Praxis

Der bzw. die Ärzte beurteilen die eingereichten Unterlagen und nehmen diese als erste Grundlage zur Erstellung des Gutachtens. Das persönliche Gespräch und die anschließende Untersuchung des Patienten fließen ebenfalls in die Beurteilung ein. Nachfolgend eine Möglichkeit der Ausgestaltung eines Gutachtens.

Gespräch
Der erste Teil befasst sich häufig mit der allgemeinen und klinischen Anamnese. Anamnese bedeutet eine

Zusammenfassung der medizinischen Vorgeschichte und der aktuellen Einschätzungen. Bevor ein Arzt eine sichere Diagnose stellen kann, ist die Erhebung der Krankengeschichte die wichtigste Maßnahme, die der Arzt durchführt, denn häufig steht hinter einer Krankheit auch eine Ursache.

Familienanamnese
Einigen Krankheiten können vererbt werden bzw. treten innerhalb der Familie gehäuft auf.

Eigenanamnese
Es handelt sich in erster Linie um Krankheiten bzw. Krankheitsverläufen, die den Patienten selbst betreffen.

Teil 2 des Gutachtens geht in der Regel auf die jetzigen Beschwerden ein sowie auf die funktionellen Einschränkungen. Teil 3 beinhaltet ggf. die gegenwärtige Therapie und Teil 4 die allgemeine Sozialanamnese. Die Sozialanamnese beschäftigt sich mit den äußeren Lebensumständen etc. Die anschließende Arbeits- und Berufsanamnese mit dem beruflichen Werdegang und der derzeitigen Tätigkeit.

Untersuchung
Die Untersuchung umfasst den allgemeinen Gesundheitszustand, daran anschließend häufig eine apparative Diagnostik (z. B. EKG). Je nach Krankheitsbild wird in der Regel die Untersuchung ihren Schwerpunkt finden.

7.3.4 Der Bescheid

Wurden alle Voraussetzungen, versicherungsrechtlicher und medizinischer Art, erfüllt, so erhalten Sie einen

Bescheid über eine Erwerbsminderungsrente. Fehlen Teile der Voraussetzungen, so werden Sie einen Ablehnungsbescheid erhalten.

Sind Sie mit dem Ergebnis nicht zufrieden, so steht Ihnen der Rechtsweg offen. Einzelheiten entnehmen Sie bitte Kap. 8 Widerspruch und Klage.

7.4 Der Bewilligungsbescheid über eine Erwerbsminderungsrente

Haben Sie das ganze Verfahren erfolgreich gemeistert, erhalten Sie am Ende (hoffentlich) einen Bescheid über die gewünschte Erwerbsminderungsrente.

Die erste Seite

```
auf Ihren Antrag vom 13.07.2016 erhalten Sie von uns
Rente wegen voller Erwerbsminderung.

Die Rente beginnt am 01.07.2016.
Sie wird längstens bis zum 31.07.2027 (Monat des Erreichens der
Regelaltersgrenze) gezahlt.

Sie wird für die Zeit ab dem 01.11.2016 laufend monatlich gezahlt.
Die Rente für den jeweiligen Monat wird am Monatsende ausgezahlt.

Höhe der laufenden Zahlung
Monatliche Rente ab dem 01.11.2016                          1.201,64 EUR
Beitragsanteil des Rentners zur Krankenversicherung   -        87,72 EUR
Zusatzbeitrag zur Krankenkasse                        -        18,02 EUR
Beitrag des Rentners zur Pflegeversicherung           -        28,24 EUR
Monatlicher Zahlbetrag                                      1.067,66 EUR

Nachzahlung
Für die Zeit vom 01.07.2016 bis zum 31.10.2016 beträgt
die Nachzahlung                                             4.270,64 EUR

Zahlungsweg
Die monatliche Zahlung wird auf das angegebene Konto überwiesen.
Die Nachzahlung wird vorläufig nicht ausgezahlt.
```

Bewilligung volle Erwerbsminderungsrente. (Bescheid der Deutschen Rentenversicherung aus 2016. Mit freundlicher Genehmigung des Empfängers)

Im Beispiel wurde am 13.07.2016 ein Antrag gestellt, der Rentenbescheid über die bewilligte Erwerbsminderungsrente wurde am 28.09.2016 zum Versicherten gesandt. Die Vorbereitung war ausführlich mit der Darstellung aller bisherigen Arztbesuche, Reha-Einsätze, Gutachten. Nicht unerwähnt soll bleiben, dass hier ein bereits sehr langer Leidensweg vorhanden war, der aber lückenlos dokumentiert werden konnte.

Die Zeitspanne kann auch anders aussehen:

```
auf Ihren Antrag vom 02.04.2014 erhalten Sie von uns
        Rente wegen voller Erwerbsminderung.
Die Rente beginnt am 01.11.2014. Sie ist befristet und endet mit dem
31.10.2017.
Für die Zeit ab 01.11.2014 werden laufend monatlich          677,90 EUR
gezahlt.
Die Rente für den jeweiligen Monat wird am Monatsende ausgezahlt.
Die monatliche Zahlung wird auf das angegebene Konto überwiesen.
```

Bewilligung volle Erwerbsminderungsrente. (Bescheid der Deutschen Rentenversicherung aus 2014. Mit freundlicher Genehmigung des Empfängers)

Im zweiten Beispiel wurde bereits im April ein Antrag gestellt. Die Anerkennung der Erwerbsminderung erfolgte im September. Hier handelt es sich um eine normale Zeitspanne, wenn alle Unterlagen vorhanden sind, die Kontenklärung vorher schon durchgeführt wurde und auch zahlreiche Gutachten bereits vorlagen.

Je mehr aufgearbeitet werden muss, ggf. noch zusätzliche Gutachten nötig sind oder die Voraussetzungen sind nicht (vollständig) erfüllt, desto länger dauert der Prozess bis zum Bescheid. Prüfen Sie also unbedingt, wie Sie die Zwischenzeit finanziell „überbrücken" können (siehe Abschn. 6.2 Krankengeldzahlungen und Abschn. 6.3 Arbeitslosengeld).

Nachzahlungen
Ein möglicher Hinweise „Die Nachzahlung wird vorläufig nicht ausgezahlt" kann den Hintergrund haben, dass noch geprüft wird, ob mit anderen Stellen (ggf. die Krankenkasse oder die Agentur für Arbeit) noch Verrechnungen durchgeführt werden müssen.

Die Abzugsbeträge von der Brutto-Rente sind die Abzüge für die gesetzliche Krankenversicherung und Pflegeversicherung.

Ab Seite 2
Ab der Seite 2 finden Sie meistens den Versicherungsverlauf. Normalerweise haben Sie bereits bei der Kontenklärung Fehler entdeckt und/oder Lücken geschlossen. Sie sollten also jetzt kontrollieren, ob alle Änderungen eingetragen worden sind:

Versicherungsverlauf

```
In der nachfolgenden Aufstellung sind die im Versicherungskonto gespei-
cherten Daten aufgeführt, die zur Feststellung und Erbringung von Lei-
stungen erheblich sind.

Allgemeine Rentenversicherung
- Rentenversicherung der Angestellten -

            30.01.78-31.01.78                   1 Mon. Schulausbildung
            01.02.78-30.06.78                   5 Mon. Schulausbildung
            01.07.78-13.07.78                   1 Mon. Schulausbildung
            14.07.78-31.07.78                          Schulausbildung
                                                       Übergangszeit
            01.08.78-30.09.78                   2 Mon. Schulausbildung
                                                       Übergangszeit
    SVN     01.10.78-31.12.78      420,00 DM    3 Mon. Pflichtbeitragszeit
                                                       berufliche Ausbildung
    SVN     01.01.79-31.03.79      420,00 DM    3 Mon. Pflichtbeitragszeit
                                                       berufliche Ausbildung

Allgemeine Rentenversicherung
- Rentenversicherung der Arbeiter -

    SVN     01.04.79-30.09.79    5.656,00 DM    6 Mon. Pflichtbeitragszeit

Allgemeine Rentenversicherung
- Rentenversicherung der Angestellten -

    SVN     01.10.79-31.12.79    2.672,00 DM    3 Mon. Pflichtbeitragszeit
                                                       berufliche Ausbildung
    DÜVO    01.01.80-31.12.80   11.937,00 DM   12 Mon. Pflichtbeitragszeit
                                                       berufliche Ausbildung
    DÜVO    01.01.81-31.12.81   12.862,00 DM   12 Mon. Pflichtbeitragszeit
                                                       berufliche Ausbildung
    DÜVO    01.01.82-30.09.82    9.646,50 DM    9 Mon. Pflichtbeitragszeit
                                                       berufliche Ausbildung
    DÜVO    01.10.82-31.12.82    9.814,50 DM    3 Mon. Pflichtbeitragszeit
```

Versicherungsverlauf. (Bescheid der Deutschen Rentenversicherung aus 2016. Mit freundlicher Genehmigung des Empfängers)

Sind Sie sich unsicher, ob die Rentenberechnung stimmt, gibt es die Möglichkeit, bei neutralen Rentenberatern „nachrechnen" zu lassen. Sie finden diese zum Beispiel über den Bundesverband der Rentenberater in Ihrer Nähe.

Literatur

1. Schewe P (2015) Langzeit-Krank, wer zahlt? Institut für Betriebswirtschaft und Rentenberatung, Bad Nauheim
2. Schewe P (2014) Rentenbescheide. Institut für Betriebswirtschaft und Rentenberatung, Bad Nauheim

3. Sozialgesetzbuch (SGB III). http://www.sozialgesetzbuch-sgb.de/sgbiii/151.html. Zugegriffen: Apr. 2017
4. Formulare der Deutschen Rentenversicherung. https://www.deutsche-rentenversicherung.de/Allgemein/de/Inhalt/5_Services/04_formulare_und_antraege/_pdf/R0100.pdf?__blob=publicationFile&v=37. Zugegriffen: Apr. 2017
5. Formulare der Deutschen Rentenversicherung. https://www.deutsche-rentenversicherung.de/Allgemein/de/Inhalt/5_Services/04_formulare_und_antraege/_pdf/R0215.pdf?__blob=publicationFile&v=21. Zugegriffen: Apr. 2017
6. https://www3.arbeitsagentur.de/web/content/DE/Formulare/Detail/index.htm?dfContentId=L6019022DSTBAI519860. Zugegriffen: Apr. 2017

8

Widerspruch und Klage

Gegen jeden Bescheid kann ein Rechtsmittel eingelegt werden. Ob es sich um fehlende Angaben im Versicherungsverlauf handelt, die Höhe der Rente möglicherweise falsch ist, ein Hinzuverdienst nicht ordnungsgemäß abgerechnet wurde oder der Bescheid zur Erwerbsminderungsrente ist nicht zu Ihrer Zufriedenheit ausgefallen. Sie legen im ersten Schritt einen Widerspruch ein und ggf. anschließend reichen Sie eine Klage beim zuständigen Sozialgericht ein. Hilfen von fachkompetenter Seite finden Sie im Kapitel neun.

8.1 Widerspruch

Der erste Schritt sich gegen einen Bescheid zu wehren ist der Widerspruch.

Damit klar ersichtlich ist, wo ein Widerspruch einzureichen ist und in welcher Zeit dies zu erfolgen hat, muss der Rentenbescheid von der Deutschen Rentenversicherung eine Rechtsbehelfsbelehrung enthalten:

> **Ihr Recht**
>
> Gegen diesen Bescheid können Sie innerhalb eines Monats nach seiner Bekanntgabe schriftlich Widerspruch erheben.
>
> Den Widerspruch richten Sie bitte an die
>
> Deutsche Rentenversicherung Bund
> Ruhrstr. 2, Berlin-Wilmersdorf
> (Postanschrift: 10704 Berlin)
>
> Sie können diese Stelle auch aufsuchen und Ihren Widerspruch schriftlich aufnehmen lassen.
>
> Mit freundlichen Grüßen
>
> Ihre Deutsche Rentenversicherung Bund

Rechtsbehelfsbelehrung zum Widerspruchsrecht. Bescheid der Deutschen Rentenversicherung aus 2016. Mit freundlicher Genehmigung des Empfängers. (Deutsche Rentenversicherung 2016. Mit freundlicher Genehmigung des Empfängers)

Widerspruchsfrist

Der Widerspruch muss innerhalb eines Monats nach Bekanntgabe des Bescheides beim Versicherten (oder dessen Bevollmächtigten) bei der Behörde eingereicht werden. Die zuständige Stelle wird ebenfalls in der Rechtsbehelfsbelehrung aufgeführt, allerdings kann ein Widerspruch auch bei einem anderen Rentenversicherungsträger oder einer inländischen Behörde abgegeben werden.

> **Beispiel Widerspruchsfrist**
> Datum des Bescheides 02.04.2017
> Eingegangen beim Versicherten bzw. seinem Bevollmächtigten 10.04.2017
> Ablauf der Widerspruchsfrist 10.05.2017

Wurde es von der Deutschen Rentenversicherung versäumt, eine Rechtsbehelfsbelehrung in den Bescheid aufzunehmen, verlängert sich die Widerspruchsfrist auf ein Jahr.

Versäumen Sie (unverschuldet) die Frist bis zur Einreichung eines Widerspruches, so können Sie dies nachholen. Nach Wegfall des Hinderungsgrundes und Glaubhaftmachung des Hinderungsgrundes können Sie innerhalb von zwei Wochen einen Widerspruch durchführen (Wiedereinsetzung in den vorigen Stand). Diese Wiedereinsetzung in den vorigen Stand hat allerdings seine Grenzen – die Möglichkeit besteht nur für ein Jahr (Ausnahme: höhere Gewalt).

Widerspruch einlegen

Sie sollten, damit die Frist nicht verstreicht, zunächst einen Widerspruch ohne Begründung einlegen:

Marion Musterfrau
Musterstraße 1
12345 Musterhausen 10.04.2017

Deutsche Rentenversicherung Bund
10704 Berlin

Widerspruch
Bescheid vom 02.04.2017
Nr. 25 04111958 S 512

Sehr geehrte Damen und Herren,

ich lege Widerspruch zum oben genannten Bescheid ein. Eine Begründung folgt.

Mit freundlichen Grüßen
Marion Musterfrau

Nun haben Sie Zeit, sich intensiv mit dem Bescheid und einer Begründung auseinander zu setzen. Um alle Abläufe der Deutschen Rentenversicherung überprüfen zu können, wäre es sinnvoll, zunächst Akteneinsicht zu beantragen. Normalerweise werden die Akten an den Bevollmächtigten ins Büro gesandt oder die Unterlagen können in einer Beratungsstelle der Deutschen Rentenversicherung eingesehen werden.

Prüfung der Akte

Wie hat die Rentenversicherung die Ablehnung begründet? Sind alle Krankheiten aufgeführt? Welche Verweisungstätigkeiten wurden benannt, sind diese auch zutreffend? Gibt es eine Summierung von Leistungseinschränkungen, sind diese auch zutreffend benannt? Sind neue Aspekte, Krankheiten seit Rentenantrag hinzugetreten und fehlen diese im vorliegenden Bescheid?

8 Widerspruch und Klage

Formulierung der Begründung
Die Ablehnung einer Erwerbsminderungsrente ist immer eine Einzelfallbetrachtung. Formulierungsvorschläge sind daher nicht möglich. Prüfen Sie, ob die Angaben in der Akte alle richtig sind oder ob Angaben fehlen. Sind Sie sich unsicher, wäre die Einholung eines Rates bzw. Hilfe bei Fachkundigen ratsam (Kap. 9).

Prüfung durch die Rentenversicherung
Die Deutsche Rentenversicherung wird Ihre Widerspruchsbegründung prüfen und falls Korrekturen möglich sind, noch weitere Gutachten in Auftrag geben oder noch weitere erklärende Fragen stellen.

Wird dem Bescheid „abgeholfen" (also geändert), erhalten Sie einen Abhilfebescheid. Sie können ggf. auch einen Teilabhilfebescheid erhalten, wenn nur teilweise etwas geändert wird. Das könnte zum Beispiel sein, Sie erhalten zwar nicht die volle Erwerbsminderungsrente, aber eine teilweise Erwerbsminderungsrente. Normalerweise enthält der Abhilfebescheid bzw. der Teilabhilfebescheid auch einen Hinweis, wenn Sie einen Bevollmächtigten beauftragt hatten, dass die Hinzuziehung eines Bevollmächtigten notwendig war. Hintergrund ist, dass dann (auf Antrag) die notwendigen Kosten erstattet werden.

Wird der Widerspruch zurückgewiesen oder teilweise zurück gewiesen, erhalten Sie einen Ablehnungsbescheid. Dieser Bescheid muss wieder eine Rechtsbehelfsbelehrung enthalten. Die Rechtsbehelfsbelehrung weist auf die Möglichkeit der Klage hin, gibt das zuständige Gericht bekannt und weist wieder darauf hin, dass innerhalb eines Monats Klage zu erheben ist.

8.2 Klage vor dem Sozialgericht

Gegen den Ablehnungsbescheid (Widerspruchsbescheid) können Sie Klage vor einem Sozialgericht einreichen.

Die Frist zur Klageerhebung ist (analog Widerspruchsverfahren) einen Monat nach Zustellung des Widerspruchbescheides. Fehlt die Rechtsbehelfsbelehrung im Widerspruchsbescheid verlängert sich die Frist auf ein Jahr. Zuständig ist das örtliche Sozialgericht, das in der Rechtsbehelfsbelehrung aufgeführt ist. Fehlt der Zusatz, so ist das Sozialgericht zuständig, wo Sie als Kläger wohnen oder aber arbeiten.

Die Klage muss schriftlich eingereicht werden. Ein Mail reicht nicht aus, da zwingend eine Unterschrift nötig ist. Sie können die Klage auch direkt beim Sozialgericht (Urkundsbeamten) aufnehmen lassen. Die Klagebegründung kann (wie beim Widerspruch) nachgereicht werden. Auch hier ist es sinnvoll, vorher Akteneinsicht zu beantragen.

Vor dem Sozialgericht gibt es den sog. Amtsermittlungsgrundsatz. Das bedeutet, dass das Gericht von Amts wegen eigene Ermittlungen durchführen muss. Im Erwerbsminderungsverfahren wird das Sozialgericht Sie daher auffordern, die maßgeblichen Ärzte von ihrer Schweigepflicht zu entbinden. Das Sozialgericht wird anschließend die einzelnen Parteien auffordern, Stellungnahmen zum Sachverhalt vorzubringen.

Ggf. wird es einen Erörterungstermin geben, wo die Beteiligten anwesend sein müssen. Hintergrund dieses Termins ist, dass möglicherweise noch Sachverhalte aufgeklärt werden müssen. Es handelt sich um keinen Termin für ein anschließendes Urteil, gleichwohl ist es möglich, einen Vergleich zu schließen.

Ist gemäß Beurteilung der Vorsitzenden Richter die Angelegenheit entscheidungsreif, so wird eine mündliche Verhandlung anberaumt. In der Regel wird nach der mündlichen Verhandlung entschieden und ein Urteil gefällt. Nehmen Sie an der Verhandlung nicht teil, kann es sein, dass nach Aktenlage entschieden wird. Mit Zustimmung beider Parteien kann auch ohne mündliche Verhandlung entschieden werden.

Im Verfahren selbst kann durch Rücknahme der Klage die Angelegenheit beendet werden. Ebenso kann im Wege eines Anerkenntnisses das Verfahren abgeschlossen werden. Erkennt die Rentenversicherung die Angelegenheit (teilweise) an und nehmen Sie die Anerkennung an, so ist der Rechtsstreit in der Hauptsache erledigt.

Auch ein Vergleich (gerichtlich oder außergerichtlich) beendet das Verfahren.

Gegen ein Urteil des Sozialgerichtes kann Berufung eingelegt werden. Die Berufung ist beim zuständigen Landessozialgericht zu stellen. Auch das Landessozialgericht hat die Aufgabe der Amtsermittlung. So kann es sein, dass (weitere) Gutachten in Auftrag gegeben werden. Die Aussagen von Zeugen anders zu würdigen, ist allerdings nicht statthaft.

Gegen ein Urteil des Landessozialgerichts ist Revision beim Bundessozialgericht möglich. Hierfür ist allerdings eine Zulassung im Urteil des Landessozialgerichts nötig. Fehlt die Zulassung kann ggf. eine Nichtzulassungsbeschwerde eingereicht werden. Beim Bundessozialgericht besteht Anwaltszwang.

8.3 Kosten für Widerspruch- und Klageverfahren

Es entstehen keine Kosten für ein Widerspruchsverfahren vor der Deutschen Rentenversicherung. Ebenso entstehen keine Kosten für ein Klageverfahren vor dem Sozialgericht und dem Landessozialgericht gegen die Deutsche Rentenversicherung.

Bevollmächtigte (Rechtsanwälte oder Rentenberater) erhalten ein Honorar. Das Honorar bemisst sich entweder nach dem Rechtsanwaltsvergütungsgesetz (auch für den Rentenberater) oder wird frei ausgehandelt.

Vorhandene Rechtsschutzversicherungen übernehmen häufig nur Kosten, die im Klageverfahren auftreten. Das Widerspruchsverfahren vor der Behörde wird dem Grunde nach also nicht von der Versicherung erstattet.

Wer nicht in der Lage ist, die Kosten des Bevollmächtigten zu übernehmen, kann Prozesskostenhilfe beantragen.

Ergeht ein Urteil, entscheidet das Gericht auch über die Verteilung der außergerichtlichen Kosten der Bevollmächtigten. In erster Linie muss der „Verlierer" die Kosten tragen. Ggf. kann auch eine andere Verteilung erfolgen. Neben dieser Kostengrundentscheidung wird vor Gericht auch eine Kostenfestsetzung beantragt. Hier geht es um die Feststellung der gesetzlichen Rahmengebühren, die die Gegenseite ggf. zu übernehmen hat. Sind höhere Gebühren mit dem Bevollmächtigten vereinbart, hat der Auftraggeber diese zu erstatten.

9
Persönliche Beratung rund um die Erwerbsminderungsrente

Eine Beratungsleistung ist nie kostenlos. Sie sollten daher vorher abklären, welcher Berater welche Leistungen erbringen kann und wie hoch die möglichen Kosten ausfallen können. Häufig ist es möglich, die Kosten von der Steuer abzusetzen oder durch eine vorhandene Rechtsschutzversicherung tragen zu lassen.

Eine Kostenerstattung vom „Gegner" ist nach § 193 SGG oder nach § 63 SGB X möglich. Im Sozialrecht verpflichtet das Gesetz, sofern

> ein Widerspruch erfolgreich ist, den Rechtsträger, dessen Behörde den angefochtenen Verwaltungsakt erlassen hat, demjenigen, der Widerspruch erhoben hat, die zur zweckentsprechenden Rechtsverfolg oder Rechtsverteidigung notwendigen Aufwendungen zu erstatten.

Das heißt, wird der Widerspruch gewonnen, muss der „Gegner" die Kosten des Streites übernehmen.

Bei einem geringen Einkommen können gesetzliche Hilfeleistungen in Anspruch genommen werden. Die Kosten der Beratungsleistung oder der Prozessführung werden dann ganz oder teilweise vom Staat getragen. Seit dem 01.01.2014 muss der Beratungshilfeschein VOR der Beauftragung eines Bevollmächtigten beim zuständigen Amtsgericht beantragt werden. Bei Vorlage des Beratungshilfescheines müssen Sie lediglich € 15 für eine (Erst)Beratung zuzahlen.

9.1 Neutrale Rentenberater

Verwechseln Sie diese Berufsgruppe nicht mit den ehrenamtlich arbeitenden Versichertenältesten der Deutschen Rentenversicherung.

Der Bundesverband der Rentenberater beschreibt diese Berufsgruppe wie folgt:

> Rentenberater sind keine Mitarbeiter der Deutschen Rentenversicherung oder eines Versicherungsunternehmens. Rentenberater sind aufgrund ihrer besonderen Sachkunde zur unabhängigen Rechtsberatung im Bereich des Sozialrechts und weiterer Rechtsgebiete zugelassen. Sie sind in diesem Umfeld wie Rechtsanwälte tätig und an das Rechtsanwaltsvergütungsgesetz gebunden. Im Steuerrecht kennt man mit dem Steuerberater eine vergleichbare Berufsgruppe. Rentenberater müssen ihre besondere Qualifikation und Berufserfahrung gegenüber dem die Registrierung vornehmenden Gericht nachweisen und dürfen die geschützte Berufsbezeichnung Rentenberater erst nach Eintragung im Rechtsdienstleistungsregister führen.

Rentenberater sind regelmäßig Praktiker aus Unternehmen oder Behörden – sie kennen das praktische Verfahren ihrer Beratungsangebote. Rentenberater erörtern auch mögliche Auswirkungen auf angrenzende Rechtsgebiete und führen Optimierungsberechnungen durch. Die Beratung geht somit über das Rentenrecht hinaus. Mögliche Berechnungen umfassen zum Beispiel nicht nur den frühestmöglichen Beginn einer finanziellen Leistung von Kostenträgern, sondern auch den wirtschaftlich sinnvollsten Weg.

Diese relativ kleine Gruppe neutraler Berater mit Spezialkenntnissen im Sozialrecht, finden Sie auf der Homepage des Bundesverbandes der Rentenberater (rentenberater.de).

Die Tätigkeiten der Rentenberater sind kostenpflichtig. Die Vergütungen richten sich nach Umfang bzw. Aufwand der Arbeiten. Vertretungen im Widerspruchs- oder Klageverfahren werden in der Regel nach dem Rechtsanwaltsvergütungsgesetz (RVG) abgerechnet oder in einer Honorarvereinbarung.

Die Kosten sind (ggf. teilweise) erstattungsfähig durch eine vorhandene Rechtsschutzversicherung, durch den Gegner oder durch die Beratungs- und/oder Prozesskostenhilfe.

9.2 Rechtsanwälte

In der Berufsgruppe der Rechtsanwälte haben sich insbesondere die Fachanwälte für Sozialrecht auf den Bereich Kranken- und Arbeitslosenrecht sowie Rentenversicherung spezialisiert. Den Titel Fachanwalt für Sozialrecht erhalten nur Rechtsanwälte, die den Lehrgang Sozialrecht absolviert und die Prüfungen bestanden haben. Ferner müssen sie nachweisen, dass sie 60 Fälle im Sozialrecht bearbeitet haben, wovon 20 Fällen ein gerichtliches Verfahren beinhalten müssen.

Die Tätigkeiten der Rechtsanwälte sind kostenpflichtig. Die Höhe richtet sich in der Regel nach dem Rechtsanwaltsvergütungsgesetz (RVG) oder wird in einer Honorarvereinbarung festgehalten.

Die Kosten sind (ggf. teilweise) erstattungsfähig durch eine vorhandene Rechtsschutzversicherung, durch den Gegner oder durch die Beratungs- und/oder Prozesskostenhilfe.

9.3 Sozialverbände

Gewerkschaftlicher Rechtsschutz
Einige Gewerkschaften bieten ihren Mitgliedern Unterstützung in sozialrechtlichen Angelegenheiten. Häufig sind dies Unternehmen (z. B. gewerkschaftsnahe GmbHs), die im Auftrag der Gewerkschaft für deren Mitglieder Unterstützungsleistungen anbieten. Die Unterstützungsleistung erfolgt häufig durch Rechtsanwälte. Mögliche Kosten sollten vorher abgeklärt werden.

Sozialverbände
Sozialverbände unterstützen ihre Mitglieder in sozialen Fragen. Hierfür ist es nötig, in einen Verband bzw. Verein als (zahlendes) Mitglied einzutreten. Die Unterstützungsleistung

erfolgt häufig durch ehrenamtliche Mitglieder, bei rechtlichen Fragestellungen auch durch Rechtsanwälte.

Sozialverbände unterhalten für die Rechtsberatung teilweise Töchter in Form einer GmbH. Neben den Mitgliedsbeiträgen kann es daher bei umfangreichen rechtlichen Beratungstätigkeiten und/oder der Vertretung vor Behörden bzw. vor Gerichten zu weiteren Kosten kommen. Die Möglichkeit, Kosten durch den Gegner tragen zu lassen, ist eingeschränkt. Denkbare (Zusatz)Kosten sollten daher vorher geklärt werden.

Die größten Sozialverbände:
Der Sozialverband Deutschland (SoVD) ist eine zentral geführte, sozialpolitische Organisation. Er hat die Rechtsform eines eingetragenen Vereins mit Sitz in Berlin und besteht seit 1917. Der SoVD gliedert sich in Landesverbände, Regional-/Kreis-/Bezirks- und Ortsverbände, in denen jeweils Vorstände als Geschäftsträger gebildet werden. Im Bundesvorstand müssen alle Landesverbände vertreten sein. Einzelheiten erfahren Sie auf der Homepage sovd.de.

Der Sozialverband VdK gliedert sich in den Bundesverband mit Sitz in Berlin sowie Landes-, Kreis- und Ortsverbände. Der Verbandsname VdK war ursprünglich die Abkürzung für „Verband der Kriegsbeschädigten, Kriegshinterbliebenen und Sozialrentner Deutschlands e.V.". Er wurde im Jahre 1950 gegründet. Einzelheiten erfahren Sie auf der Homepage vdk.de.

If you have any concerns about our products,
you can contact us on
ProductSafety@springernature.com

In case Publisher is established outside the EU,
the EU authorized representative is:
**Springer Nature Customer Service Center GmbH
Europaplatz 3, 69115 Heidelberg, Germany**

Printed by Libri Plureos GmbH
in Hamburg, Germany